HE PUNA KUPU
HE MANAWA
AA-WHENUA

A note on the cover artwork

Artist: Korotangi Paki

We settled on the 'puna' or spring metaphor, taken from one of Taawhiao's inspirational sayings: 'Ko te wai a Rona he manawa aa-whenua, e kore e mimiti.' This refers to an underground spring near Kaawhia; one that will never run dry.

This project of compiling words and phrases used by past generations, being handed down in this resource to the present and future generations, is being likened to a spring of knowledge that will never cease to flow. We see importance and value in continually adding to the database as new words for new concepts and technologies are required and more words that were commonly used in the days of our forebears resurface.

HE PUNA KUPU HE MANAWA AA-WHENUA

HE KOHINGA KUPU NOO ROTO I A TAINUI
A COLLECTION OF WORDS USED WITHIN TAINUI

**Edited by Raukura Roa, Paania Papa,
Jarred Boon, Rahui Papa**

RAUPŌ

UK | USA | Canada | Ireland | Australia
India | New Zealand | South Africa | China

Raupō is an imprint of the Penguin Random House group of companies, whose addresses can be found at global.penguinrandomhouse.com.

First published by Penguin Random House New Zealand, 2019

1 3 5 7 9 10 8 6 4 2

Design by Cat Taylor © Penguin Random House New Zealand
Prepress by Image Centre Group
Printed and bound in Australia by Griffin Press, an Accredited ISO AS/NZS 14001 Environmental Management Systems Printer

A catalogue record for this book is available from the National Library of New Zealand.

ISBN 978-0-14-377361-0

penguin.co.nz

Ngaa Waahanga
Contents

He Mihi
Acknowledgements

Ko te mihi tuatahi e wehi ana ki te Atua. E whakahoonore ana i a Kiingi Tuuheitia e noho mai raa i runga i te ahurewa tapu o ngoona tuupuna, o toona whaea. Kia taawharautia ia ki te korowai aroha, ki te korowai atawhai, ki te korowai hauora.

E tangi ana ki ngaa tini hua mate kua mene ki te poo. Raatou maa kua pania ki te kookoowai o Hinenuitepoo, haere, haere oti atu ai e.

Taatou te hunga ora ki a taatou, teenaa raa taatou katoa.

E tika ana kia whakanuia ngaa taangata katoa, naa raatou teenei taonga i aata whakariterite kia pai ai toona whakaputanga ki te ao.

Ki a Kiingi Tuuheitia, e hiiri nei i ngaa kaupapa here katoa o ngaa iwi o Tainui, otiraa, o te ao Maaori. Ki toona whare kaahui ariki, ki a Whatumoana Te Aa, naana ngaa whakaritenga moo te pikitia i aata hoomiromiro. Otiraa, ki a Korotangi Paki, ki te ringa waituhi i te manawa aa-whenua kua taangia ki te pukapuka nei, teenaa koutou. E rere ana ngaa mihi ki a Hika Taewa, ki te kaiwhakanikoniko i ngaa waituhi a Korotangi.

E tuku mihi whakamaanawa ana ki ngaa kaimahi noo roto i a Waikato-Tainui, naa raatou teenei kaupapa i whakahaere. Ki a Donna Flavell (Tumu Whakarae) raatou ko Raewyn Mahara (Pou Maatauranga), ko Jason Kereopa (Pou Reo). Otiraa, ki te hunga i hoe i te waka kawe i teenei kaupapa kia uu pai ai ki uta, ki a Maehe Paki, raatou ko Paania Papa, ko Rahui Papa, ko Jarred Boon, ko Tuurongo Paki, tae noa ki te roopuu maatanga reo o Tainui me te kaahui kaumaatua.

Me mihi ka tika ki ngaa ringa haapai i te kaupapa, ko raatou te hunga rangahau, te hunga kohikohi rauemi, te hunga tuhituhi, me te hunga whakahaere hui. Ki a Casey Jacobs raatou ko Charles Willison, ko Haereata Poutapu, ko Hone Thompson, ko Joshua Wetere, ko Māia Huata, ko Maimoa Wallace Toataua, ko Moe Matenga, ko Noe Noe Barclay-Kerr, ko Rangimarie Tahana, ko Rick Samuels, ko Trent Brown-Marsh, ko Waikato Mathews, ko Whakarongotai Hohepa, ko Zion Otimi Whanga Papa. Otiraa, me mihi ka tika ki a Trina Koroheke, koutou ko ngaa hoa o Radio Tainui; ki a Gareth Seymour, koutou ko ngaa hoa o Ngā Taonga Whitiāhua me Ngā Taonga Kōrero, teenaa koutou.

Rere atu ana ngaa mihi ki Te Hiku Media, araa, ki a Peter Lucas Jones raaua ko Keoni Kealoha Mahelona moo te tuku aawhina mai, aa-hangarau nei, kia ngaawari ake ai taa maatou patopato i ngaa koorero a ngaa kaumaatua.

Heoi anoo raa, ko ngaa puna maatauranga te hunga e tika ana kia whakanuia i te mea ko raatou te manawa aa-whenua o te reo o Tainui. Ki a Aroha Huaki, raatou ko Charlie Tepana, ko Cheryl Anne (Ani) Willis, ko Connie Hepi, ko Doris Taka, ko Gareth Seymour, ko Hēmi Kelly, ko Jarred Boon, ko Leslie Tiki Koroheke, ko Mamae Takerei, ko Margaret Nikau, ko Mere Matekohi, ko Ngahuia Dixon, ko Nganehu Turner, ko Paania Papa, ko Paraone Gloyne, ko Pat Kingi, ko Peggy Willison, ko Pera MacDonald, ko Pikiteora Marsh, ko Pita Te Ngaru, ko Rahui Papa, ko Robyn Roa, ko Rongo Bakarat, ko Te Aroha Tairakena, ko Te Warena Taua, ko Teiarere Helen Rawiri, ko Tom Roa.

Naa Raukura Roa
Project Lead

He Takinga Koorero
Introduction

Teenaa koe! Congratulations on picking up the very first Tainui-specific Maaori-language dictionary. In this book is a collection of words and phrases used within Tainui, the group of people who descend from the ancestors who travelled to Aotearoa from Hawaiki upon the *Tainui* canoe. The geographical boundaries of the people of Tainui are:

Mookau ki runga	Mookau to the north
Taamaki ki raro	Taamaki to the south
Mangatoatoa ki Waenganui	Mangatoatoa in the centre
Pare Hauraki	Hauraki to the east
Pare Waikato	Waikato to the west
Te Kaokaoroa o Paatetere	Te Kaokaoroa o Paatetere (Raukawa)
ki Te Nehenehenui	through to Te Nehenehenui (Maniapoto)

The words and phrases listed within this book were commonly used by fluent speakers, language experts and kaumaatua (elders) of Tainui. However, the list of words contained within this book are not exclusively of Tainui origin, nor are they the only examples heard throughout our region. This is but a sample, and we have only just begun to scratch the surface of the body of words within Tainui's knowledge base and archival resources. We are, without a doubt, extremely fortunate to have a wellspring of knowledge in our living kaumaatua, who partnered with us and guided our selection processes when beginning to produce this book. They were there to correct, instruct and, most importantly, authenticate our work. They also provided a great variety of words with similar meanings to ensure that Tainui descendants will have, at their fingertips, a wide variety of kupu (words) to use. Another great source of knowledge is our archives; specifically, the audio and visual recordings of our kaumaatua telling their stories in their own words. It is from these resources that we drew many of the examples to demonstrate the appropriate usage of words. All of the examples were sourced from Tainui-specific contexts.

Te ingoa o te pukapuka
The title of the book

'He puna kupu, he manawa aa-whenua e kore e mimiti' is the title chosen by a core group of kaumaatua and te reo Maaori experts from within Tainui. This title is a metaphor for a never-ending spring. It comes from one of Taawhiao's famous proverbs: '*Ko te wai a Rona, he manawa aa-whenua, e kore e mimiti*', The water of Rona is a never-ending wellspring.' The spring referenced in this proverb is an underground water table in the Kaawhia harbour that never runs dry. This unlimited source of water is a metaphor for a limitless source of knowledge handed down from generation to generation. It is up to each generation to continually research ancient words so they may resurface, and add new words and concepts to our body of knowledge to adapt to our ever-evolving environments and technologies.

Te whakahua o te kupu
Pronunciation

A treasured ruuruhi from Tahaaroa and Kaawhia Moana, Nganehu Turner (2019) talked about the importance of '*te oro o te reo*', the sound of the language. She quoted a traditional proverb relating to native New Zealand birds – '*Ka koekoe te tuuii, ka ketekete te kaakaa, ka kuukuu te kereruu*', but added her own spin, stating:

> *Moohio koe nee,*
> *Ka koekoe te tuuii, ka ketekete te kaakaa, ka kuukuu te kereruu, ka kou kou te ruru, ka tiitii te piirairaka, ka KOORERO MAAORI te Maaori.*
>
> You know eh,
> The tuuii chatters, the kaakaa chuckles, the kereruu flutters, the ruru hoots, the piirairaka chirps and the Maaori SPEAKS MAAORI.

In true Whaea Nganehu form, she took a classic proverb and used it to get her point across, which is: the natural sound of the Maaori is the Maaori language, just like the natural sound of the ruru is 'kou kou'. She also used these birds specifically because each bird has its own distinctive sound, not just a cry, or a song, but a *sound* to stress the point that the sound of Maaori words is important to us. While the letters used to write te reo Maaori are borrowed from the Latin alphabet, the unique *sound* of the Maaori language is extremely important. The key to perfecting the unique Maaori sound is to pronounce the vowel sounds naturally.

To assist you in pronouncing te reo Maaori, here is a list of comparative English words to demonstrate how the Maaori vowels should sound:

The short vowel *a* is pronounced like the English word – *cup*
The short vowel *e* is pronounced like the English word – *egg*
The short vowel *i* is pronounced like the English word – *eat*
The short vowel *o* is pronounced like the English word – *torque*
The short vowel *u* is pronounced like the English word – *too*

The long vowel *aa* is pronounced like the English word – *calm*
The long vowel *ee* is pronounced like the English word – *air*
The long vowel *ii* is pronounced like the English word – *easy*
The long vowel *oo* is pronounced like the English word – *awe*
The long vowel *uu* is pronounced like the English word – *moon*

Tainui iwi, in particular, commonly use the *ng* sound and the *wh* sound in our everyday speech. For example:

ngeenei is for *eenei* meaning 'these' (closer to me)
ngaku is for *aku* meaning 'my' (plural)

To assist in your natural pronunciation of these sounds, here are some examples:

the *ng* sound is soft as in the English word *singing*

Another commonly heard sound amongst the Tainui people is the *wh* sound, which is like the English '*f*', for example:

poowhiri is for *poohiri*
manuwhiri is for *manuhiri*

To assist you in pronouncing these words naturally:

poowhiri should be pronounced *pawfidi*

To pronounce the '*r*' sound naturally, you move your tongue back to the roof of your mouth and roll it so it vibrates. This produces the Maaori '*r*' sound.

Finally, the natural pronunciation of the Maaori '*t*' is achieved by placing your tongue between your teeth so they don't meet, creating a hard '*d*' sound. You do this when the letter 't' precedes the following vowel sounds:

ta te to

However, when '*t*' precedes the vowels:

ti tu

You place your tongue behind your teeth so they meet, creating a soft '*ts*' sound.

Waikato-Tainui
Waikato-Tainui

As stated earlier, the collection of kupu in this dictionary are heard throughout the Tainui region. However, this book and its research was commissioned and organised by Waikato-Tainui, a tribal organisation governed by our parliamentary body, Te Whakakitenga o Waikato (formerly known as Te Kauhanganui). Te Whakakitenga o Waikato is a tribal authority that represents 68 marae and 33 hapuu (subtribes) from Auckland in the north, the King Country in the south, Kaawhia harbour in the west and Hapuakohe and Kaimai ranges in the east. At present, Te Whakakitenga o Waikato and its executive board Te Arataura (formerly Tekaumaarua) took over from the Tainui Maaori Trust Board after the Waikato Raupatu Settlement was signed in 1995. It is now their responsibility to represent the interests of over 70,000 tribal members who affiliate to these 68 marae and the 33 hapuu. Te Whakakitenga o Waikato is made up of three organisations: the Waikato Raupatu Lands Trust and the Waikato Raupatu River Trust, Tainui Group Holdings and Waikato-Tainui College for Research and Development. All of these organisations and the people they represent are now collectively known countrywide as Waikato-Tainui.

Tikanga Ora Reo Ora
Waikato-Tainui Language Strategy

This puna kupu research project is one of the biggest literary projects to come out of the Waikato-Tainui reo Maaori strategy – Tikanga Ora Reo Ora. This strategy has six core values that highlight the overall vision of the strategy (Waikato Raupatu Lands Trust, 2016, p.10):

1. The language echoes in the walls of our house;
2. Cultural practices are held in high regard;
3. The language and cultural practices are etched in the hearts of the people in 2050;
4. The language and cultural practices are strong within homes, marae, schools and communities;
5. The Waikato-Tainui dialect thrives;
6. The cultural practices of Waikato-Tainui are upheld.

The fifth core value, 'The Waikato-Tainui dialect thrives' in Maaori reads '*kia puea anoo te rangi o te reo o Waikato-Tainui*'. The use of 'rangi' in the Maaori version is a specific reference, not only to the lexical, grammatical, morphological and phonological aspects of our dialect, but is also inclusive of our idioms and the rhythm, intonation, accent and sound of our reo. As our ruuruhi Nganehu Turner pointed out earlier, it is really important to maintain the integrity of the rangi (or *oro* in her words) of our Tainui reo and te reo Maaori.

The strategy outlines five key goals that will drive the iwi to fulfilling this vision. These goals and objectives are:

1. To research and establish indicators to measure the value and status of the language and cultural practices within individuals, homes, marae committees, schools and communities to guide advancement;
2. To promote the visibility and audibility of the language and cultural practices throughout Waikato-Tainui;
3. To establish a repository for knowledge pertaining to Waikato-Tainui to be retained as tribal treasures;
4. To etch the language and cultural practices in the hearts of the people;
5. To evaluate, assess and critically appraise the outcomes of the strategy.

Te reo aa-tuhi
The writing style

The way in which te reo Maaori is recorded in this publication is based on the Waikato-Tainui writing style guide and policy (Paania Papa, 2018), which prefers the use of double vowels instead of macrons to indicate long vowel sounds. The writing conventions of te reo Maaori date back to the arrival of the first missionaries in 1814. Before this date, te reo Maaori was traditionally an oral language and visual representations of our culture and history were recorded as carvings, paintings, patterns and motifs woven into traditional fabric (ibid.). Since 1814, there have been three key orthographic conventions used by writers of te reo Maaori:

(a) nothing to indicate long vowel;
(b) double vowels;
(c) macrons.

There are cases in early literature where the diaeresis marker (Mäori) and accent marker (Máori) are used instead of the macron. This depended largely on the typesetting technology available to the writer(s) at the time. The decision to adopt and maintain the use of double vowels in Waikato-Tainui publications was largely influenced by Bruce Biggs (1921–2000), of Ngaati Maniapoto descent, and Sir Robert Te Kotahi Mahuta (1939–2001). In his role as the Chair for the Centre of Maaori Studies and Research at the University of Waikato, Sir Robert issued an editorial note in the publication *Te Taniwha o Waikato: Mite Kukutai*, stating: 'As a matter of policy, the Centre for Maaori Studies and Research has adopted the doubling of the written vowel to indicate vowel length. This policy is followed throughout in order to encourage the correct pronunciation of Maaori terms.' According to Te Aopeehi Kara, in a meeting of the Waikato-Tainui Tekaumaarua (now known as Te Arataura) on 30 September 2005, Bruce Biggs, upon using the double vowel convention, said, 'Waikato, this is your language.' On that day, the Tekaumaarua voted to employ the double vowel orthographic convention as a matter of policy. That policy still stands to this day.

Since then, the double vowel convention has fast become a symbol of tribal pride and identity in literary form, and people and publications using the double vowel convention are immediately associated with Waikato-Tainui. It is important to note, however, that this policy is only for written documents published by the organisations that come under Te Whakakitenga o Waikato. The writing styles and orthographic conventions used by individuals, whaanau, hapuu, marae and iwi throughout the Tainui rohe is self-determined.

He rangi noo Tainui
A Tainui dialect

As the first Tainui dictionary with a direct focus entirely on Tainui words and phrasing, sourced specifically within Tainui contexts, it is perhaps a good idea to touch on dialect and what it means to us.

Maaori dialectical research isn't just an academic enquiry, or merely an exploration of Maaori linguistic structure and discourse. It really is a journey of self-discovery and identity. To know one's own language is to know oneself. So knowing your dialect is about knowing yourself, where you come from, how you are related to others and where you fit in the world. To know one's own dialect is to position oneself clearly within a specific tribal identity, location, genealogy, collective historical memory and community. When comparing and contrasting various dialectical variances, you also discover relationships and connections with other communities and tribes. Tainui reo, as a dialect of te reo Maaori of Aotearoa, shows us that we have close connections to the tribes on the west coast of New Zealand, reaching up as far north as Te Rarawa and Te Aupoouri, and as far south as Ootaki. Our Tainui dialect is a great source of tribal pride, and its survival maintains our allegiance and connection to our tuupuna (ancestors) and whakapapa (genealogy).

Tom Roa (2017), Ruakere Hond (2013) and Peter Keegan (2017) all assert that dialect is most definitely an identity marker. Ruakere takes it further by stating that dialect demonstrates a person's *authentic* relationship to a specific region, and Peter Keegan expands on this by stating that our efforts to revitalise our dialects attests to our commitment to signal our iwi allegiance. Kaai Tahu Maaori scholar Kukupa Tirikatene (2007) also promotes the revitalisation of dialect, but states that it should not be done at the expense of te reo Maaori generally. Tahu Pōtiki (2007) points out that the beauty and distinctiveness of tribal dialects are found in the turn of phrase, colloquial idiom, as well as in vocabulary.

He reo aa-iwi
Maaori dialects

It is important to highlight at this point that Maaori scholars, linguists and rangatira assert that dialect is more than just shared words and phrases among people. This is in direct contrast to how lexicostatistic scholars define dialect. Lexicostatistics determines dialects to be a single language with high levels of shared vocabulary, and if a language group shares at least 80 per cent or higher with another language group, then both language groups have the same dialect (Harlow, 2007). If this was indeed the case, and Maaori measured our dialect based on our shared vocabulary, then Tuuhoe and Ngaati Porou, who have an 82 per cent shared vocabulary, would have a single dialect. Tuuhoe and Kahungunu, who have an 80.1 per cent shared vocabulary, would have a single dialect (Harlow, 2007). The point is, if Maaori tribal leaders and scholars define dialect as a speech form that indicates tribal identity, connectedness, allegiance and authenticity, then dialect must be measured by more than just vocabulary. As Tahu Pōtiki (2007) points out, it is not just the vocabulary that holds the depth and beauty of a language, but its turn of phrase and colloquial idioms that also make it distinct.

Te reo o Tainui me ngaa reo aa-iwi
Tainui dialect and other tribal dialects

Dialectical distinctiveness can be measured in a number of ways, such as the structure of word sounds (phonology), the structure of words (morphology), the structure of its sentences (grammar), the words themselves (lexicon) and colloquial sayings and phrases (idioms).

The following tables are adapted from Harlow (2007, pp. 41–61).

Te rangi o ngaa kupu
Word sounds (phonology)

Perhaps the most significant phonological differences between Tainui and other tribes is our preferred use of the *ng* and *wh* sound.

Tainui	Bay of Plenty	South Island	English
anga	ana	aka	*shell*
punga	puna	puka	*anchor*
poowhiri	pōhiri	pōhiri	*welcome*
manuwhiri	manuhiri	manuhiri	*visitors*

A distinct phonological difference, particularly between Tainui and the east coast tribe of Ngaati Porou (and Kaai Tahu) is the use of *ei/ai*, *ou/au* and *u/i*. For example:

Tainui	Ngaati Porou	English
(ei)	(ai)	
teina	taina	*younger sibling, same gender*
kei	kai	*at present*
hei	hai	*at future*
wheeiro	whāiro	*be seen, understood*
(ou)	(au)	
maatou	maatau	*pronoun*
maapou	māpau	*tree*
tuumou	tūmau	*permanent*
(u)	(i)	
tupu	tipu	*grow*
pupuru	pupuri	*grasp/hold*
tupuna	tipuna	*ancestor*
tupa	tipa	*scallop*

Te hanga o te kupu
Word structure (morphology)

Following are some examples of morphological differences between Tainui and other tribes. These differences are measured by the variations in morphemes; for example, the variation of the *ah* in ahau/au, or the *aw* in awau/au.

Tainui	**Northland**	**East Coast**
au/ahau	**ah**au	**aw**au
taaua	**tao**	tāua
maaua	**mao**	māua
raat**o**u	**rao**	rāt**a**u
koorua	ko**u**rua	kōrua
koutou	koutou	k**ō**tou

There are some instances in which Tainui morphemes are slightly different to the rest of the country:

Tainui	**Rest of country**	**English**
ngeenei/eeneki	ēnei	*these*
ngooku	ōku	*my*

In many instances, the East Coast and South Island are quite similar, but in the case of these possessive pronouns, they differ slightly in their morphological structure, and are quite distinct from the rest of the country, including Tainui. For example:

Tainui and rest of country	**South Island**	**East Coast**
taau/toou	tāhau/tōhou	tā**ha**u/tō**ho**u
naau	nāhau	nā**ha**u
moou	mōhou	mō**ho**u
ngaaku	āhaku	āku
toona	tōhona	tōna

Te whakatakotoranga o te kupu
Grammatical structure

Following are some examples of the grammatical differences from Harlow (ibid.). These differences are separated by West Coast and East Coast:

Tainui/ West Coast	Ngaati Porou/ East Coast	English
kei	kai	*at present*
hei	hai	*at future*
taatou	tātau	*we, us – more than three*

The following grammatical differences are organised into Tainui and the rest of the country, Northland and East Coast:

Tainui/ Rest of country	Northland	East Coast	English
kei reira	ko reira	hei reira	*at future*
taaua/maaua/ raaua	tao/mao/rao	tāuā/māua	*dual pronouns*
koorua	kourua	kōrua	*dual pronouns*
koutou	koutou	kōtou	*plural pronouns*

With regard to the active progressive grammatical variances, these differences are noted as being preferred amongst the Tainui and western tribes and eastern tribal regions:

Tainui and West Coast tribes	East Coast
e . . . ana	kei te / kai te

In Northland, they also prefer to use the *e . . . ana* structure to indicate habitual action, whereas Tainui and the rest of the country prefer to use *ai*.

Harlow (2007) continues to describe the lexical variations amongst different tribes. These differences are indicated by a shared word form but a different meaning. For example:

Word	Tainui and West Coast tribes	East Coast
kirikiri	gravel/small stones	sand

Some unrelated word forms with similar meanings across tribes are:

Word	Tainui	Ngaati Porou	Rest of country
smoke	paoa/pawa	kauruki	auahi

And some varying but related words across regions are:

English	Tainui	Tuuhoe	East Coast
worm	toke	noke	noke
fly	ngaro	ngaro	rango
stone	koowhatu/ kōhatu	kōhatu	pōhatu
right-hand side	katau	katau	matau
heavy	toimaha/ taimaha	taumaha	taumaha
narrow	whaaiti/kuuiti	whāiti	whāiti

Comparing phonological, morphological, grammatical and lexical variances between Tainui and other tribes of the country provides an interesting glimpse into our connectedness, as well as our uniqueness. On another level, idiomatic variances must also be explored. According to Te Wharehuia Milroy (1996, as cited in Harlow, 2007), idiom is very important and points to a further type of variation such as exclamations which fall outside of the sentence. This is true when you think about exclamations such as 'no!' Tuuhoe, for example, use *e hē!* Northland might use *nō!* Whereas the rest of the country use *kāo!*

These idiomatic variances not only indicate a distinctiveness across tribes, but can also indicate a distinctiveness within tribes. Ngaati Hauaa and Ngaati Maniapoto, for example, are both iwi within the Tainui rohe; however, their idioms might differ slightly from each other. Ngaati Hauaa would commonly use the exclamation *wiiare*, and Ngaati Maniapoto would commonly use *aiare*, both meaning something like 'oh my goodness'. From a linguistic perspective, it is merely a difference between the morphemes *wii* and *ai*. However, from a Maaori perspective, it is an identity marker and indicates an affiliation and allegiance to a specific location, tribe and genealogy. Idioms capture a wairua Maaori, a Maaori essence, connecting us to each other.

Ngaa paanga o te reo aa-tuhi me te reo paapaaho ki te reo aa-iwi
The impact of the written word and broadcasting on tribal dialect

The publication of te reo Maaori in written form created a kind of standardisation of te reo Maaori throughout the country. When the Bible was first published in Maaori and the book spread throughout the country, the biblical Maaori became the standard form of Maaori. When Bruce Biggs published his books, the Ngaapuhi and Tainui reo became the standard and the East Coast/Bay of Plenty Maaori became the dialects. However, in the 1970s, 1980s and 1990s, the East Coast and Tūhoe reo became the standard as a result of the publications by Hoani Retimana Waititi, Tīmoti Kāretu, Ruka Paora, Katerina Te Heikōkō Mataira and John Moorfield, to name a few. The dialect recorded in these books became 'the standard' because with each book and each year came a new generation of learners of te reo. Their reo came from those books and the teachers using those books, rather than the reo from their own iwi.

The Te Taura Whiri i te Reo Māori publications and orthographic conventions have also impacted the standardisation of te reo Maaori. However, one of the greatest influences today is Maaori Television, where a majority of the presenters are from the Bay of Plenty and East Coast regions. This is by no means a negative effect, it is merely an impact. When books are published, and Maaori broadcasters are hired, for the sake of language revitalisation, what is most important is that the language is accessible, that it is accurate and, most importantly, that it is Maaori. It doesn't matter from which tribe it originated. What matters most is that is survives.

However, with regards to the study of dialect, Hana O'Regan (2007) points out that it is a privilege to study dialect because it means that the focus shifts away from the *survival* of te reo Maaori in general, and moves toward the development and growth of iwi and regional identity. This is an overall win for te iwi Maaori and our fight to revitalise our language.

He kupu whakamutunga
In conclusion

Congratulations and thank you once again for using the very first Tainui-specific Maaori-language dictionary. May your te reo Maaori journey be full of fun, excitement and discovery. May you learn everything you need to know to understand your Tainui heritage and Maaori worldview. And, if you are a student of any and all languages and dialects, may this book assist you in your exploration into the Maaori world and culture through the Tainui native tongue.

TE WAAHANGA TUATAHI – NGAA KUPU

SECTION ONE – WORDS

Abbreviations

|| = kupu taurite / synonyms

(WT) = waiata tawhito / traditional songs

(W) = waiata / songs

(K) = karakia / incantations

' = he tohu e ngaro ana t/eetehi puu / a mark to indicate a missing vowel

(Naa Taawhiao) = he koorero teenei i puta i a Taawhiao / an utterance by Taawhiao

Tahu Pōtiki / tāhau / nāhau – He ingoa tangata, he tikanga aa-tuhi noo iwi kee, noo reira kua waiho ngaa tohutoo / A personal name or written convention from another tribe, so macrons have been retained

A!
Gee!

A! Kaare au i te moohio e whia taku pakeke i teeraa waa.

aa
particle denoting the passing of time

Ka rere ngaa koorero, aa ka mutu, 'tahi ka tautokongia ki te waiata.

aahei
allowed, given access to

Naa ngaa uiui kaumaatua i roto i ngaa tau e aahei atu nei taatou ki ngaa koorero a ngaa tuupuna.

aahere || taahere
snare, ensnare

Ko te whai, kia mau tonu ki te iwi Maaori oo raatou whenua, paru moana, tuuranga ika, raakau aahere manu, me eeraa atu taonga a te Maaori.

aahua || tuuaahua, momo
type of

Kaaore au i kite i eeraa aahua mahi kai.

aakau
bank of a stream

Whoatu ki te aakau kia noho tahi atu koe ki a Hotuope, koia te tohunga o te rama tuna.

aaki (-na, -ngia)
urge, encourage, incite, compel

1. Ehara i te mea he mea aaki te pao kia puta mai, kei ngaa whakaaro kee o te kaiwaiata. 2. I aakina ia e au kia tuu ki te koorero.

aaku || ngaaku, aku
my (plural)

Ko aaku ake tamariki eenei, engari naa taaua tonu.

aakuanei || teeraa pea
perhaps, maybe

Aakuanei he waa anoo hei mau i te kauwae moko o taku tupuna, o Heeni.

aamine || whakaae
agree, amen

Kei te tautoko, kei te aamine.

aana
yes, indeed

Ka uhia ki runga i ngaa rarauwhe, na ko ngaa whaariki i rarangahia nei ki te harakeke i runga ake, aana ko ngaa paraikete eenaa.

aapiti || 1. riu 2. taapiri
1. gorge 2. join, combine

1. Kei te waha tonu teeraa ingoa o Te Kuuiti, ko te take, he aapiti teeraa waahi, he koohatu i teetehi taha he koohatu i teetehi taha. 2. Aapiti hono, taatai hono, koutou raa te hunga mate, moe mai.

aarai
1. metaphoric veil separating the living and the dead 2. prevent, shield, obstruct

1. E mihingia ana ngaa mate kua riro ki tua o te aarai. 2. Me whakarite koe i a koe anoo i mua i too haerenga, hei aarai atu i ngaa kino o te waa.

aarau || kohikohi
gather, collect

He atua aarau kai a Uenuku.

aataahua || waiwaiaa
beauty (to the eye)

He tangata aataahua a Marutuuahu, aa, tokorua ngaa waahine roa te hiahiatanga ki a ia hei taane.

aatahu
charm, spell

He raweke i te whakaaro o teetehi maa te karakia te aatahu kia tahuri mai.

aawangawanga
puzzled

E aawangawanga ana au ki too kanohi. Aakuanei pea, kua tuutaki kee taaua i mua.

ahakoa || hakoa
1. even 2. although, regardless, whether

1. Kei te moohio katoa au ki eenaa mahi, e kui, ahakoa i teenei rangi, kei te moohio tonu au me peewhea te mahi. 2. Ko taku koorero ki aku tamariki, ahakoa peewhea too koutou maatau, he maatauranga anoo tooku.

ahatia?
what [is being/will be/was being/has been] done (to something)?

Aiaa! Kua ahatia e koutou taku mokopuna e tangi nei?

ai
word to express forgetfulness, frustration, or annoyance

Kua puta kee te koorero a te – ai, he karanga tamaiti naaku.

Aiaa!
word to express surprise

Aiaa! Kua paru katoa i a koe oo kaakahu hoou!

Aiare!
You don't say!

Timi: E Haki, kua whaanau mai taa taaua mokopuna. Haki: Aiare! Kaaore hoki teetehi o te whaanau i whakamoohio mai.

Aii!
Wow!

Kia maha mai ngaa ika hei whiu maa taku kuia ki uta. Aiii!

aiii
word to express surprise

Na, ka noho a Ruapuutahanga ki te mimi i runga i ngaa toka, aiii, pupuu ake teenaa mea, te wai.

amirana || waka tuuroro
ambulance

I kawea ake a Te Rata i runga i te amirana ki te hoohipera.

amo (-hia)
1. upright posts in front of wharenui 2. carry on the shoulders

1. Ko ngaa pou e pupuru nei i ngaa maihi, koia teeraa ko ngaa amo. 2. Maa ngaa taane ngaa pou roroa raa hei amo mai, he toimaha raa hoki.

ana || ina
when

1. Ana wheeraa koe, ka raruraru. 2. Ana tae atu koe ki te pekanga ki Kaawhia, me tuu ki reira.

anahe || anake
only, solely

Kua haere kee ngaku tamariki, ko ahau anahe i te kaainga.

anake || anahe
only, solely

1. Koinaa anake raa ngaa koorero moo ngeenaa waiata, e kare. 2. Ka mate ai taku hoa, ka mahue iho ko au anake, ka aroha ai ngoo maatou kuia ki a au.

anga
white shell

Naawai, aa kua maa haere te maakoi i te taiao, hei reira kua anga.

angaanga || korotuu
skull

Kia maha mai ngaa angaanga i titia iho raa ki ngaa pou hei whakawehi i te hoariri, i hua mai ai te ingoa o Te Rau Angaanga.

angiangi
1. type of moss, old man's beard 2. thin (not of people) 3. sparse

1. He rongoaa kei roto i te angiangi hei whakaora

i te mate o te kiri. 2. E angiangi ana ngaa kaanuka, he maatotoru noo te tupu. 3. E angiangi ana ngaa paepae i te korenga o ngaa kaumaatua.

anu || maatao
cold

He kapua whakairi
naa runga o Moehau.
Ko taku kiri ka tookia
ki te anu maatao.

anuanu || wetiweti
ugly

Kia anuanu mai hoki te taane raa!

anuwhe || anuhe
caterpillar

E ngooki ana te anuwhe i runga i te peka o te raakau.

aonga
dawning

I te aonga ake o te raa i Kaawhia, ka whakatika ngaa iwi ki te haere ki te Poukai o Waipapa.

araara || whakaaraara, tauparapara
An incantation preceding a speech

Ka noho te koroua, ka rere tana araara, kaatahi ka tuu ki te taki.

aratau
contour

Kia whakamiri noa i toona aratau eetia nei he tupu pua hou. (Naa Taawhiao)

Arekahaanara
Alexandria (former name for Pirongia)

Kaatahi ka haere ki Arekahaanara, e kiingia nei i eenei raa ko Pirongia toona ingoa.

ariki
high chief, paramount chief

Ko te maunga e takoto mai nei ngaa ariki, ko Taupiri.

Arikinui
the official term preferred by Te Atairangikaahu upon being designated monarch

Ko te 23 o ngaa raa o Mei te raa Koroneihana o Te Arikinui Te Atairangikaahu.

aroaro
1. presence 2. female genitals (polite)

1. Kua tatuu mai kei mua kei too aroaro ngaa waka o runga i too taatou motu. 2. Ka tupu te hiahia o Maahanga i te kitenga o te aroaro o Te Aka Taawhia.

aruhe
fern root

Ka karakara katoa oo niho ki te kai koe i teenaa kai, i te aruhe.

ata
1. adornment 2. reflected image

Kia wetekia te tau o Te Ngako ki a au mau ai. Hei aha raa? Hei ata mooku, moo te wahine hakirara, e! 2. Ka kite ia i te ata o te tangata i roto i te puna.

atamira
1. platform or resting place for deceased during a tangihanga 2. stage

Moe mai, e Koro, i roto i te aroha. Takoto mai i runga i toou atamira.

atawhai (-ngia)
1. nurture, foster, adopt, raise (a child) 2. benevolence, grace

1. Kia niwha te ngaakau ki te whakauu i ngaa mahi atawhai i te iwi. (Naa Taawhiao) 2. Kia tau ki a taatou katoa, te atawhai o too taatou Ariki, o Ihu Karaiti.

ate
1. liver 2. seat of emotions

1. Ka tuakina, ka tango i te ate ki waho. 2. Taku ate hoki raa, ka maawherangi nei.

atiati (-a, -ngia)
shoo away (flies, children, chickens)

Kaua e atiatia atu ngaa ngaro i te taha o te tuupaapaku.

atua piikoikoi || temotemo
clitoris

Maa te atua piikoikoi e oho ai te whare.

auii
an exclamation of surprise

E noho, e Rata te hiiri o Waikato, e huri too kanohi ki te hauaauru, ngaa tai e ngunguru i waho o Te Aakau, auii hai auee!

aukati (-ngia) || haukoti
1. block off 2. boundary, confiscation line

1. Kauaka hei aukati i te koorero a ngaa pakeke. 2. I toona waa, mehemea i whakawhiti te Paakehaa i te aukati, i te awa o Puuniu, ka patua.

aurere
groan

I aurere taku ruuruhi i te rironga o ngaa whenua.

autaane
brother-in-law (of female)

Ko Hone te autaane o Mere. I moe hoki i te tuakana o Mere.

auwahine
sister-in-law (of male)

Ko Mere te auwahine o Hone. I moe a Hone i te tuakana o Mere.

awaawa

1. furrow 2. valley, gorge

1. Ka paraungia te whenua, ka toua ngaa tiinaku ki roto i te awaawa. 2. Kei te awaawa tonu ngaa nanenane e noho ana, uaua ana te tae atu ki reira.

E

eei
word used to get someone's attention

Eei, tirohia te rori,
he kau kei tua!

eenaka || eenaa, ngeenaa
those (closer to you than me)

Ko wai maa eenaka
kei too taha naa?

eeneki || eenei, ngeenei
these (closer to me)

He rerekee eeneki raakau
i eeraka e tupu ana i koo.

eeraka || eeraa, ngeeraa
those (yonder)

He rerekee eeneki raakau
i eeraka e tupu ana i koo.

eetehi || eetahi, ngeetehi
some

Kua haria e aku tamariki
eetehi o aku toorori.

ehakee || ehara kee
is not, are not

1. Ehakee i te mea he
tauhou au ki a koe. 2.
18 ngaa tau neke atu,
ehakee i te tamariki.

emi || kohia
collected, gathered

E hoki ana aku mahara,
e emi ki a ia.

Engari! || Ehara!
Yes, indeed. Absolutely!

Mere: E pai ana kia haere
tahi taaua?
Iti: Engari! Haere mai.

haa

1. aroma (not of perfume) 2. breath, essence

1. Ka piro katoa nee, ahakoa e matara ana te tuu, kua rongo atu koe i te haa o ngaa mangoo. 2. Ka hongi ana te tangata, ka rongo tonu koe i toona haa.

haakerekere

multitude, myriad

Koia ko Kapu i takahi i te one haakerekere kia ea ai te mate o tana huaanga, ka rere tana koorero, 'He iti naa Mootai, e haere atu ana, e haakerekere!'

haakiki || 1. huhure, ngoikore 2. rorirori, heahea

1. listless, lazy 2. stupid, ridiculous

Too haakiki ai! Heoi anoo taau, he noho noa iho, he maatakitaki i te iwi e mahi ana!

haakuku

wipe feet on grass, scrape

I ngaa ata maaeke ka whiikoi maatou ki te kura, kua oma atu ki te whakamahana i ngaa waewae i te tiko o te kau, 'tahi ka haakuku.

haakurekure || maangere

lazy, indolent

Toou nei aahua haakurekure! Aa muri ake nei, maau anoo koe e oi!

haamama

1. open, gaping 2. yell

1. Kaatahi ka haamama atu te waha, ka wheetero atu te arero. 2. Kaua e tukua ngaa tamariki kia haamama ki roto nei, he whare karakia raa hoki.

haamene (-ngia)

reprimand, summons

Ka haamenengia ngaa Maaori i te mea e tupuria ana ngaa whenua e te koohi.

haapai (-nga, -ngia, -tia)

raise, lift up, uphold

1. Kia whakahokia mai ki te whaanau e haapai nei i teenei kaupapa. 2. E koorero ana au moo te kaupapa e haapaingia nei i runga i teenei marae i Kaiaua.

haapara || koo

to shovel, a shovel

Ka haapara atu ki runga i te waka, naa ka kii te waka, naa ka kawe.

haapine
soften flax by scraping

Moo te mahi harakeke, ka haapine i te tuatahi, kaatahi ka maka ki roto i te wai.

haapuapua || repo
swamp

Kei roto i te haapuapua nei taua marae.

haaroo (-ngia) || haapine
soften, make pliable (flax)

Tiikina atu he anga kookota hei haaroo i te harakeke kia ngaawari ai.

haaunga
1. although 2. except

1. E paatai mai naa, haaunga he maha ngaa ingoa kei reira, i tapaina hoki teeraa waahi ko Raukuumara, na ko te ingoa ko Horouta kei konaa, naa ko te ingoa anoo, ko Te Aotuutahanga. 2. Haaunga anoo raatou i tiimata mai i te puuaha o Waikato.

haaura || tuuroro, whaaura
patient

E Te Atua, wetekina ngaa maauiuitanga e peehi nei i ngaa haaura, i ngaa tuuroro, i ngaa tinana hoki e maauiuitia ana.

haawini
attendant to the royal household, elderly woman who sits at the feet of the monarch

1. Ko ngaa haawini he uri katoa noo roto o te whare kaahui ariki. 2. Ka mutu kau te haakari kei konaa anoo ngaa haawini, ngaa mea e mahi ana, e harihari ana i ngaa teepu, i ngaa tuuru hoki.

haehae || 1. haeata 2. kohae
1. glow in the dawn
2. lacerate

1. Ko te haehae, koiraa raa ko te ao maarama i te ata. 2. Ko te mamae e haehae nei i te tau o taku ate.

hahaere
toddle

I hahaere te koohungahunga ki tana kuia.

hahani || tuutara
disparage, slander

I puta te koorero hahani a Kukutai moo te kore o ngaa manu huahua i hora i te haakari.

hahu
exhume

He hahu tuupaapaku te mahi i muri i te horonga o te whenua.

hakari || karukaru, harehare
ugly, huckery

Kia hakari mai hoki
ngoo kaakahu naa!

hakihaki
scab, sore

He hakihaki kei te tuwhera tonu. Kaare anoo i kati.

hakirara || 1. tuutuuaa, kaararoraro 2. maangere
1. low born, insignificant
2. lazy, slovenly

1. Hei aha raa? Hei ata mooku, moo te wahine hakirara e! (WT) 2. Hei aha noa iho i karanga ai i teenaa tangata hakirara, e kore e oti tika te aha.

hakurara
raggedy

Kia hakurara mai anoo ngeenaa kaakahu naka!

hamahama (-ngia)
to hammer, pound

E poko'! Ka hamahamangia koe e au!

hamumu || kii, koorero
1. statement 2. utter a sound, murmur

1. Ehara i a Ngaati Maniapoto i kore ai a Taawhiao e pai ki oo hamumu. 2. Kaaore anoo taku waha kia hamumu noa.

hamuti || tiko, roke
faeces

Too tero hamuti!

hana
shine, glow, give forth heat

Kua hana katoa te kanohi o te ohu haangii.

Hanatere || Raahui Pookeka
Huntly

I huunuku mai te whaanau ki te riu o Waikato noho ai, ki Hanatere.

hanga (-a, -hia, -ngia)
1. build, create 2. shape, form

1. Ko teenei mea e tuu nei, aa naa taku rangatira i hanga. 2. Ki taa raatou titiro, he ngaangara kee te hanga o ngaa Maaori.

hangapai (-ngia, -tia) || whakapai
tidy

E koo, hangapaingia taa taatou teepu i mua i te taenga mai o aa taaua manuwhiri.

hangeo
particular taste

Makue ana te hangeo o te reewena, o te tiitii.

hao
flax cot

Ka meatia he hao hei whare moo te peepee, taea ana te ruke i teetehi waahi ki teetehi.

hao ika
fish with a net

I whaanaungia mai au i runga i te awa o Waikato, heoi anoo ngaa mahi a ngaku maatua i teeraa taima he hao ika hei oranga.

haonga ika
fishing ground

Koinei ngaa haonga ika, ngaa waahi mahinga kai o oo taatou tuupuna.

haonga matamata
whitebait stand

He inanga ki eetehi, engari ki a maatou he matamata, ko eenei waahi, he haonga matamata.

hape
club foot, bow-legged, bandy-legged

I kitea ngaa tapuwae o te kaumaatua hape nei, o Rakataura, kua perori te aahua ki te onepuu, naa konaa i tapaina ai ia ko Hape.

haranu
turbid, muddy, opaque, dense, thick

Tapoko ana ngaa wae i te haranu o te repo.

haratau
suitable

Aata titiro maarire ki ngaa taonga o runga i te waka nei, ki te haratau, utaina, hoea.

haratee || taretare, haratete
shabby, raggedy

Kua haratee te tarau o te tamaiti i te kaha o tana retireti haere i te papa.

haratete || haratee
raggedy

Ka mutu te haratete o ngaa kaakahu o te tangata nei.

hari (-a, -ngia) || aarahi
guide along, take

1. Ka puta mai te taraka hari miiti mai, na ka tohangia ki ngaa whaanau. 2. Maaku te pouaru hei hari ki runga i te marae.

hau || ahau, au
me, I

Ko 'hau kei roto, ko te Atua tooku piringa, ka puta, ka ora.

hau
1. resound, be reported or heard, famous 2. essence

1. Ka hau te rongo ki a Hoturoa kua tino oti te waka. 2. Kua whakahokia mai koe e au ki te hau o Tainui. (Naa Taawhiao)

hau uru || hau-aa-uru
westerly wind

I tata hinga i te kaha o te hau uru.

hau-aa-uru || hau uru
westerly wind

Kei te taha hau-aa-uru o te huarahi tonu i haere mai ai i Te Kuuiti, ki mea, ki Mangakino.

hauaa
crippled, lame

Kua tino kore i tika te hiikoi a te tangata nei, kua kiingia ia he hauaa.

hauata
accident, calamity

Taka i te raakau, taka ki te wai, ngaa hauata ii. Wera i te ahi, hinga ki te whare, ngaa hauata ii. (WT)

hauhake
harvest

Kia puta anoo ngaa tohu o te taiao, kua moohio ngaa koroheke kua tata ki te waa hauhake.

hauhunga || maaeke
1. cold 2. frost

1. Poo atu karekau aku puutu, hauhunga haere ana au. 2. Hikohiikoi mai ki te kai, kei riro a Riiwai i a Hauhunga, e!

hauhuri
female whitebait

Ko te hauhuri te uwha o ngaa inanga.

haukeri || haukere, hamahama
thrash

Ko Te Aawhiorangi, koiraa te toki naana i haukeri a Aotea waka.

haumaakuu || haumookuu
damp

Ko te hua nui o te haumaakuu o te whare, koia ko te puruhau, ko te maauiui.

haumi
piece of wood to lengthen a canoe

Ko te haumi e hono ana i te tauihu o te waka ki te kaunaroa, araa ko te takere o waenga o te waka.

haumookuu || haumaakuu
damp

Ki te waiho e koe oo taatou kaakahu kia iri ana, aa poo noa, ka haumookuu.

haunga || piro
stench, stink

Kua haunga haere i te roa o te noho.

haupapa
ambush

He mahi haupapa raanei, he pakanga raanei, he whakakeke raanei.

hauparariі
inept, hopeless

He hauparariі te tangata raa, he aahua koretake.

haupuu
heaped, piled up

Kia maha raa hoki ngaa pare kawakawa e haupuu ana ki te mahau o te marae.

haurangi
intoxicated

Kua haurangi noa iho ngaa whakaaro.

hauraro || wini raro
northerly wind

Kei te taha hau-aa-uru, hauraro o te huarahi, o te huarahi tonu i haere mai ai i Te Kuuiti, ki mea, ki Mangakino.

hawa
gills

E pakipaki tonu ana ngaa hawa o te kahawai i mau raa. Patua te pane kia hemo rawa.

hawihawi || hoohaa, whakahuene, ngawingawi, ngawii
moaning, grizzly, incessant cry

E hawihawi ana te tamaiti nei, e puta haere ana he niho. Poipoia ki te waahi e tanu ana te whenua kia mutu ai.

heenga || hee
wrongdoing

Tirohia mai te heenga o aku mahi, e kore e kitea!

hei || aikiha, heikiha
1. handkerchief 2. light scarf

Taku hei iti nei maa te hau e ripo, hei kawe i te aroha ki a Te Tau maa, e.

heke
migrate

Ka heke au ki teeraa takiwaa, ki te iwi o taku whaea.

hekenga || taatai whakaheke
descent lines

Na, koia nei ngaa hekenga i whakapapangia mai raa i te marae i te ata nei.

hemo || mate
die

I teeraa waa i tino ora maatou nee, te take, he haere ki te mahi tuna, kaapaa, kaaore e hemo.

hemokai || matekai
starving

Kaare maatou i hemokai i te waa e tupu ana maatou, ahakoa te poohara.

herengi || hereni
shilling

Kotahi te kapa ka puta mai i te herengi.

heri (-a, -ngia) || hari, kawe
take

I hoki mai au ki Aotea, ki Papatapu, i heria mai au e taku whaea ki Papatapu.

heru (-a) || koma
to comb or to adorn hair with a comb

Ka haere atu au, ka heru i taku pane kia pai ahau ki te kootiro he kai raa i roto. Uuu te kootiro! (WT)

heti || pae otaota
hedge

E piirurungia ana too maatou kaainga i ngaa raakau, i ngaa heti.

hewa || 1. puunehunehu, koorehurehu
1. misty rain 2. under false impression

1. E kore koe e maakuu rawa i te hewa o te rangi. 2. Kia hewa e roto teenei kei te ao. (WT)

hiahia || piirangi, piirangirangi
want

1. Noou te hiahia ki te hoki, kaao, kaare i piirangi. 2. Kua ngata pea te hiahia, nee?

hihi
lateral shoot (of potato, kuumara)

Ko taa Whakaotirangi he whakatoo kuumara ki Hawaiki-iti, ka too, ka rea, ka hihi, ka tupu, ka hua te kai.

hii || taki
to lead a song

Maa te mea kaha te reo, maana taa taatou hiimene e hii mai, ka kamu mai i muri ko ngaa reo haapai.

hii tuna || rama tuna
fish for eels

I haere atu a Whatihua ki te hii tuna maa Ruapuutahanga.

hiieke || paakee, puureke
rain cape

He maha ngaa momo kaakahu o te Maaori. Ko te hiieke teetehi hei pare i te ua.

hiikoi || whiikoi
walk

E rima kiromita te matara o too maatou whare i te kura hei hiikoi maa maatou.

hiinaamoe || konikoni
to doze off, get sleepy

I te wera hoki o te raa, ka hiinaamoe te koroheke i tana hoopa.

hiinaki
basket for catching eels

Kia rite noa mai te hiinaki, kaatahi ka tukua ki te awa o Waahi, kei reira ka hao i te tuna puhi.

hiinei || koinei
this is

Hiinei te whakamahinga o teenei kupu e rangona ana i Waikato.

hiinga
fishing, the drawing up (of a line)

1. Noo te hiinga ake o te hiinaki, kikii ana i te tuna. 2. Koinei te waahi hiinga taamure tawhito o ngaa tuupuna.

hiipoki (-na) || uhi
to cover

Hiipokina iho au, i raro i oo parirau.

hiitakotako
yawn

Kua hiitakotako te tama i te hiamoe.

hiitooria || hiitori
history

Koia teenaa eetehi o ngaa hiitooria moo eenei hiwi maunga.

hiiwaiwai
eczema

Kiri uunahinahi ana te peepee i te mate hiiwaiwai.

hika
1. vulva 2. to kindle a fire by friction

1. Tuu ko te hika o too whaea kia matapopore mai ki te pirau o too whanaunga. (WT) 2. Hikaia mai too ahi, kia pai ai te mahana i roto nei.

hiki (-na, -ngia)
lift

Me hiki te peepee e mutu ai tana tangitangi.

hikihiki (-na, -ngia)
dandle, carry about in the arms

Me mutu te hikihiki i te peepee naa, kei taunga ki teeraa mahi, ka kore e tau.

himu || humu
1. large posts of palisades of fort 2. hip bone

1. Naa Kereti Rautangata maa ngaa himu o te marae i te kura o Fairfield i whakairo. 2. Kua paa te mamae ki te himu o te kaumaatua nei, ka aroha hoki.

hinengaro || hirikapo
mind

Kei te mau tonu ngaa maharatanga pai i taku hinengaro.

hinga || mate
fallen, dead

Mauria mai oo taatou mate e hinga mai raa, e hinga atu nei.

hinu
fat, oil

Ka ringihia te hinu poaka raa ki roto hei huahua. Maa reira e noho roa ai te kai.

hirikapo || hinengaro
mind

Ko ngaa mahara kei te hirikapo e mau ana.

hiwi (-ngia) || puke
1. hill 2. to pull back

1. Kua piki mai te tai, kua pari mai te tai, na ka tuu ake a Ruapuutahanga i runga i te hiwi. 2. E Tewi, hiwingia ake teenaa kokonga o te taapoorena kia makana ai he wahie ki raro.

hiwihiwi
hillock

Noo raatou ngeenei whenua tae atu ki te hiwihiwi raa raa.

hiwikau || hiwi
hillside, hill

E piki koe ki runga ki ngaa hiwikau ka kite koe i te moana.

hoahoa
friendly

Hoahoa tonu maaua mai i too maaua haerenga ki te kura.

hoe
to paddle, a paddle

Ka tae ki reira ki Arapaaoa, aa, e rua maaero e toru maaero pea atu i konei ki reira, ka hoe i runga i te waka.

hoehoe
paddle about

Ko te mahi pai a ngaa tamariki i te raumati, he hoehoe i oo raatou waka i te awa.

hoi || heoi, heoti, whoi, wheoi
however

Hoi anoo kua kaumaatua hoki te tangata nei.

hoipuu
pimple

Ki te kaha rawa te kai rare, ka muia te kanohi e te hoipuu.

hokihoki
return regularly

Ka panga katoa au i taku whakaaro ki roto, kaare au nei e noho, e hokihoki, mehemea ka rongo atu au i te tangata e koorero kino ana.

hokitou
1. renege 2. reverse

1. Kei hokitou i taa taaua i whakatau ai i te wiki kua pahemo ake nei!
2. E hokitou nei te pahi ki raro i te wharau.

homai
give

Kua homai nei ko eenei kupu hei pupuru maa maatou.

hono
incantation to revive, join broken bones

He hono taa te ruuruhi hei hono i ngaa wheua kua whati.

hooia
soldier

Kaare he putanga moo Te Kooti i eetehi waahi kee atu. Kua karapotingia hoki e ngaa hooia o te Paakehaa.

hookioi
fabulous eagle

Ko te hookioi teenei e rere atu naa.

hoopane
saucepan

Ko te mahi a te kuia raa, he tunu panekeke i tana hoopane.

hoopii || wehi, horokukuu
apprehensive, anxious, reluctant

Kaua e hoopii ki te whakaputa i too karanga.

hoopuapua
puddle, surface water

Wai hoopuapua e mimiti i a koe e, ko te wai a Rona he manawa aa-whenua, e kore e mimiti, e. (W)

hooro || hei, kaameta
shawl

I te kaha mau o te hooro ki ngaa pokohiwi o te kuia, kua moohiotia ia he wahine haere ki ngaa hui Maaori.

hooteera || paapara kaauta
hotel, pub

E whia tau raa, ka kati ngaa hooteera i te ono karaka. Noo te 1967 ka mutu teeraa ture.

hoou
new

Kei te piirangi au ki te hiko moo teeraa o aku kaainga hoou.

hopi
soap

I a maatou i te kura o te Te Koohanga koia teeraka, ki te mau koe e koorero Maaori ana, ka horoia too waha ki te hopi.

hopo
apprehension, fearful – can

often be associated with Maaori sickness

I te moohiotanga iho i hee te whakapapa, ka hopo te kaikoorero i taana i taki ai.

hopohopo
apprehension, fearful – can often be associated with Maaori sickness

Kia kore ai e hopohopo ngaa whakaaro o ngaa tamariki nei, me aata whakamaaarama i ngaa tikanga.

hopu (-kia, -kina, -ngia)
catch, capture

1. Kaare tonu au i aakona, ko ngaa mea i mau i a au he mea hopu atu naaku.
2. Ka hopukina te kereruu, ka huhuti mai i ngaa huruhuru, ka tanumia ki te waahi i hopukina ai.

hora (-hia, -ina, -ngia)
1. laid out, spread 2. set (the table)

Kei te whare e tuu nei, kei te papa e hora nei, te horahanga o teenei mea, o te koorero.

horahora (-ngia)
lay out (in numbers)

Ka horahora kia maroke ngaa poorohe nunui, horahorangia kia maroke, na ka hanga panga ki roto i ngaa *netting*.

hore || tuoro
subterranean monster

He tuna nui a hore, haere i te whenua i Paakau e wehi ai te iwi, he pihi oona, he huruhuru hoki.

hore (-a) || tiihore, piihore
to peel, strip off

I horea e te makimaki te peha o te panana.

horetiitii
fierce, belligerent

I aua taima raa, horetiitii tonu ana au.

horihori || ruukahu, tito
1. tell a lie 2. exaggerate 3. false

1. Kaua hei horihori.
2. Ka koorero paki eetehi, ka horihori anoo eetehi.
3. He horihori noa iho te mamae o too tinana, e. (W)

horopeto || kaihoro
gobble

Kaua e horopeto i aau kai.

horuhoru
1. snort 2. speak fast

1. Ka horuhoru te poaka.
2. Kei horuhoru koe i a koe ka tuu ki te taki.

hotukopa
laboured (sickness)

> I te paanga mai o te urutaa rewharewha, hotukopa kau ana ngaa tuuroro.

hou || kuhu
enter

> Ko te Puru – he waahi teeraa i hou ai teenei awa a Waipaa ki raro i te whenua, puta noa atu, aa he matara anoo.

houhana
burial cave

> He ana hoki te houhana i takoto mau turi ai ngaa tuupuna.

hua || whakaaro
to think

> I hua au, ka mahi tahi taatou e riwha ai te mahi nei.

hua karoro
yellow-fleshed potato

> Hei ngaa marama mahana o te kooanga whakatookia ai ngaa hua karoro.

huaanga || whanaunga
relative, kin

> He huaanga katoa taatou noo te tupuna, noo Mahuta.

huaangatanga || whanaungatanga
relationship, kinship

> Ka kitea te huaangatanga i waenga i a taatou i ngaa poupou o Auau-ki-te-rangi.

huahua (-ngia)
preserve

> Huahuangia atu ana, e rua, e toru wiki, pai noa iho ki te haere atu ki te tiki atu, ki te kai.

huakore
1. wane (of moon)
2. pointless

> 1. Hei a Whiro, kua huakore te marama.
> 2. He aha hoki i tuu ai taua kaikoorero raa, huakore noa iho ana ngaa koorero.

huanui || huarahi
road

> 1. Whaaia te huanui matua kia tae atu ai koe ki Pooneke. 2. Kei te rauroha too huanui, haapainga ake i te ara o Taawhaki!

huaranga (-tia)
raise, lift (with lever)

> Te taenga atu o te waka tuatahi tonu ka huarangatia e ngaa taangata i ngaa toko te taura i raro i te wai.

huene || kuene
grizzle, moan, whinge

> Kaare anoo i tau te wairua ka puta te huene me te amuamu a te tamaiti.

huhure || maangere
lazy

Kowhetengia ana ngaa tama huhure kaare i haere ki te kohi pipi.

huhuu
travel without touching the ground

Kaare e tatuu ngaa waewae ki te papa, huhuu tonu te haere.

huihuitanga || huinga
gathering

He nui ngaa huihuitanga o raatou moo ngoo raatou whenua te take.

hukahuka
1. thrum (of korowai)
2. frothy, white-water

1. He pango ngaa hukahuka o te korowai.
2. E hukahuka katoa ana te wai ki ngaa taaheke e paatata ana ki Taupoo.

hunu (-a, -ngia)
singe

Ka tuakina te poaka, 'tahi ka hunua ngaa huruhuru.

hura (-ina, -ngia)
1. opening of a house
2. reveal (headstone, plaque)

Ka haere ki ngaa Poukai me ngaa hura whare, ki ngeeraa mea katoa.

hurahura
1. rummage 2. hula

1. E hurahura naa koe i too paahi, tee kitea te aha! 2. He pai te maatakitaki i ngaa waahine e hurahura ana i te marae hei whakangahau i te manuwhiri.

huraki || huaki
open

Koiraa te mea poowhiri i ngaa manuwhiri kia haere mai, aa, ko ahau te mea i te huraki i te keeti.

hurikiko || kooaro
inside out

Kua hurikiko taku haate, me unu pea.

huripoki (-hia, -na, -ngia)
turn upside down, invert

Kia mutu too horoi i ngaa karaehe, huripokihia kia maaturuturu iho ai te wai.

huripoto || poto
shortened, brief, abridged

Homai ngoo atua kia kainga e au, ko te whakautu huripoto teenei, engari i roto i te whakaaro he maha noa atu ngaa koorero nei.

hurirapa (-tia) || kooaro
inside out, upside down, back to front

I te waa e peita ana a Goldie i ngaa aahua o ngaa tuupuna, i hurirapatia ngaa kaakahu kia kitea ai ngaa taaniko.

huruanga
warrior

Takihuihui ana ngaa huruanga a Tuu-te-mahu-rangi.

huruhuru
hair (on head and body)

I mua, he huruhuru katoa mai i runga ki raro.

hurungutu
moustache

Noo te taipakeketanga o Taawhiao, ka tupu te hurungutu, naawai ka paahau.

huti (-ngia, huutia)
pull

Kua huutia ngaa kuumara na, ka rukea ki roto i te awa kia kite ai ngaa uri o Taawhiao kua rite.

hutukawa || poohutukawa
native New Zealand Christmas tree

E tuu ana te hutukawa ki ngaa pari o te moutere.

huu || pahuu
1. eruption 2. boiling

1. I huu te maunga o Tarawera i te tau 1886. 2. Kua huu te wai, teenaa mahia atu he kapu tii maa taatou.

huuare || huuware
saliva

Ka tuwhaina te huuare ki te whenua, e hoki raanei ki toou waha?

huuhaa || kuuhaa, kuuwhaa
thigh

Ko te puuhoro ka taangia ki ngaa huuhaa, ki ngaa ringa raanei o te tangata.

huuhare
phlegm

Wharongia ake too huuhare.

huuka || matau
hook

I ngeraa waa, kaare e roa te takanga atu o too raina, mehemea e 5 ngoo huuka, he ika ka mau.

huukiki
twitch (eye, body), spasm

Aroha ana te koroheke kua paangia e te mate, huukiki ana te tinana.

huukui || uukui
wipe

Huukuia te tou o te peepee.

huumeka
shoemaker

Teeraa ooku hoa noo ngaa whaa pito o te ao, ko ngaa huumeka, ko ngaa kaamura,

ko ngaa parakimete
nei. (Naa Taawhiao)

huupee || huupete
mucus

Mauria mai ngaa taonga whakamirimiri a ngaa tuupuna, ko te roimata, ko te huupee, ko te aroha.

huupete || huupee
mucus, running nose

Kaare e mukua te huupete o te kuia kia mutu raa anoo tana tangi aroha.

huuraparapa
flash repeatedly

Huuraparapa ana i runga o Wharepuuhunga, i runga o Rangitoto. He tohu aituaa.

huurori
staggering

Wiii, e huurori ana te tangata raa i te haurangi.

huuware || huuare
saliva

Ka tuwhaina te huuware ki ngaa huu i mua i te haere matara hei manaaki i te haere.

I

iaaianeki || inaaianei
now

Me haere koe iaaianeki kei mau koe i te maatotoru o ngaa waka i te rori.

iere
sound (of voices)

Me uaua ka rangona te iere tawhito o ngaa mooteatea o te ao koohatu.

ihonui || tara nui
1. visitors' side of the meeting house 2. central space in meeting house

I te tuwheratanga o Auaukiterangi ka tiimata ngaa karakia ki te ihonui o te whare.

ihu pare || ihu parehe
flat nose

Haria mai too ihu pare kia hongi atu au.

ika
victim (of battle)

Takoto mai, kei te taonga o te mate, kei te ika a Whiro.

ika huirua
two deceased lying in state at the same place

E takoto ana te ika huirua i te marae.

ika whakapaoa || ika paawhara
smoked fish

Ka noi te ika ki te raina, ka ruia ki te tote, aa, ka tahuna he ahi kia paoa ai te ika, na, ko te ika whakapaoa, ko te ika paawhara hoki.

inaaianaa || inaaianei, aaianei
now

Noo te kaha whakamaarama mai a Tuuwhaangai, inaaianaa e maarama ana ki teenei mea ki te pouaru, ki te pani, ki te rawakore.

inaaianeki || inaaianei, aaianeki
now

I ngaa waa o mua, e kiingia ana i rere te awa o Waikato ki roto o Hauraki, inaaianeki kua rere whakaraki ki te puuaha.

inamata || mea rawa ake
very soon, next minute

Kotahi atu ana te parirau ki te pae paneke, inamata, ka rutua mai e te hoariri.

inawhea? || inahea? noonahea? noonawhea?
when (past)?

Inawhea koe i tau atu ai ki taawaahi?

ipu (-a)
1. get a cupful 2. container for fluid

Ipua ake he wai ki too ipu.

iraira
freckled

Ko Pane Iraira te tangata rawerawe noo roto o Waikato, e! (W)

iri || noi
hang

He hokinga mahara ngaa whakaahua e iri mai raa.

irirangi
an echo or sound (spiritual)

He tohu aituaa te rongo i te irirangi.

iro
maggot

Ahakoa e muia ana e te iro kaare e mate te tangata.

iti || moroiti, paku
small

Paku noa nei te hanga o teeraa ruuruhi, iti te tinana kei roto raa raa te whakaahua.

itiiti || moroitiiti, pakupaku
very small

Ka pana atu i too maaua waka ki roto i te awa itiiti nei, ka pana haere aa, kua tae ki te waahi hei whakatuu i te kupenga.

ito
enemy

Ka haere a Wheto maa, ka tata tonu atu ki te kaainga o too raatou ito.

iwi || taangata
people

I te wehenga atu o Te Rauparaha i konei, e ka whakanohongia ngaa hapuu nei, ngaa iwi nei ki Te Tahaaroa, ko Ngaati Mahuta.

K

kaaeo || kuutai
freshwater mussel

1. Na ko te kaaeo e karangahia ana he wheenei i te pipi, e kohikohihia ana e taatou i te moana 2. Te ahi kaaeo (kei Maurea) 3. Mehemea e ora ana te kaaeo, e ora ana te wai.

kaahaki || kaawhaki
remove by force, kidnap

Ka kaahakingia te tuupaapaku ki marae kee atu i waenganui poo.

kaaheru || haawara
shovel

Ko te kaaheru matarau he tino tikanga ki roto o Ngaati Hauaa.

kaaho
barrel, cask, keg

E waatea ana ngaa kaaho wai maaori rawa atu nei i Te Ara Poukai. He mea taatari e te miihini Kangen.

kaahui ariki || whare ariki
1. royal entourage 2. royal family

He waa toona, i te waa i a Korokii, ko te kaahui ariki te tira i haere i tana taha. Inaaianei, kua whaaiti teenei ingoa ki te whaanau o te ariki.

kaakaakura
native parrot

He kaakaapoo kere kaua e patua, ki te puta he kaakaakura, na patua.

kaakaapoo kere
native ground parrot

He kaakaapoo kere kaua e patua, ki te puta he kaakaakura, na patua.

kaameta || hei
scarf

Wii, e koroputa katoa ana taku kaameta!

kaamura
carpenter

Ka tahuri ki te hanga i too maatou whare nui, te whare hei nohoanga moo maatou, koia he kaamura hoki taku matua.

kaanara
candle

E noho ana au i roto i taku whare, aa ko taku kaanara, aa ko taku rama kareheeni hoki.

kaanewha || mata
raw food, unripe

I kaanewha ngaa kai o te haangii.

kaanga paahuuhuu || kaanga papaa
popcorn

He kaanga paahuuhuu taa maatou tino kai i te whare pikitia.

kaanga wai
fermented corn (fermented in fresh running water)

Ko te kaanga wai te tino kai a ngaa kaumaatua o te papakaainga nei i mua.

kaaore || ehara (kiiwaha)
indeed

Kaaore te rangi nei te peehi whakarunga. (WT)

kaapa
carp (fish)

I teeraa waa i tino ora maatou, te take, he haere ki te mahi tuna, kaapa hoki.

kaapaa
not as if

Kaapaa kei konei ngaku tungaane ki te whakarongo i ngaa kanga moo raatou.

kaapoo || pohe
blind

Kua whai kurii te kuia kaapoo hei aarahi haere i a ia.

kaapura || ahi
flame

Ka ngiha te ahi, ka mura ko te kaapura, kua tiimata ki te tunu kai.

kaarangaranga
1. echo 2. calling

1. Kei ngaa pari kaarangaranga o te motu, nau mai.
2. E mihi ana ki ngaa kaarangarangatanga maha kei waenganui i a taatou.

kaarangirangi || aawangawanga
anxious

I tupu te kaarangirangi o te tangata i te taunga mai o te mate tauhou ki teenei whenua.

kaararoraro
low-born person, commoner

He tuutuuaa, he ware te kaararoraro.

kaarau || heru
comb

Naa te kaarau i ngaa maahunga o Tamainupoo i rangatira ai kia whakaeke ki te marae o Maahanga.

kaare || kaaore
not

Ka moe a Taawhao i a Puunui-a-te-kore, aa kaare i whiwhi uri, na, ka haere atu, ka moe nei i te teina, i a Maru-te-hiakina, na ka whaanau a Tuurongo. Noo muri ka puta i a raaua ko Puunui-a-te-kore a Whatihua.

kaarewa
surface of water

I kitea te urutira o te mangoo i te kaarewa o te wai.

kaari || maara
garden

E kaha ana ngaa waahine ki te mahi kaari putiputi i waho i te whare rauna o Piupiu.

kaatahi anoo
only just

Kua pakeke hoki i ngeeraa waa kaatahi anoo maatou nei ka hoki ake ki runga i te whenua o too maatou whaea.

kaauru || koouru
head (of tree)

He kai maa te huia kei roto i te kaauru o te miro.

kaauta || kihini
kitchen, cookhouse

Koiraa hoki ngaa mahi o teeraa waa, he tahu ahi ki roto i te kaauta.

kaawai || whakapapa, taatai
genealogy

Ka puta mai a Te Maunga i roto i teenei kaawai.

kaawhaki (-na) || kaahaki
1. elope 2. bolt (horse) 3. kidnap, carry off 4. runaway (of song, of people)

1. Ka kaawhaki maaua i a maaua ka haere ki te reehita i Te Kuuiti kia maarena.

kahikatea
native white pine tree

He pai ngaa hua o te kahikatea hei kai.

kahu || kaakahu, pakikau
item of clothing, garment, cloak

Ko ngeeraa mea hoki nee, kaare e tika ana te kuhu i ngaa kahu papai.

kahukiwi
cloak made of kiwi feathers

Ka whakakaakahungia ki toona kahukiwi naa Rangimaarie Hetet i whatu mai.

kai (-nga, -ngia)
eat, devour

Ka kitea ngaa tuupaapaku, e muia ana, e kainga ana e te paapaka.

kai kooiwi || kai whiore, ngau whiore
commit incest

Ka kite te iwi kua hee too raatou hoa, kua kai kooiwi.

kai korikori
jelly

I kitea tuatahitia e Taawhiao te kai korikori i tana haere ki Ingarangi.

kai maanga
1. food chewed by adult to feed to baby 2. a figure of speech for knowledge of the mundane. Opposite of 'kai maaroo'.

He mea whaangai taa raaua whakapaakanga ki te kai maanga.

kai tupeka || momi paipa
smoke tobacco

E hoki ana aku mahara ki te taima e kai tupeka ana oo maatou maatua.

kaikaa (-tia) || taakare
overeager, impatient

Ko teenei waka o Tainui i kaikaatia te mahi, noo reira i kore ai e oti eetehi whakairo moona.

kaikauwhau || kaikauhau
lecturer, preacher, speaker

I paatai tonu te rangatira nei, ka mau tonu ki tana iinoi, kaao, ka oti i a raatou, kei konei ngaa iwi, ko raatou ngaa kaikauwhau.

kaikino
to be extremely aggrieved, consumed

Kaaore koia te aroha e kaikino nei i ahau. (WT)

kaipaaka || keipaaka
kapok, mattress

I ngaa waa o mua, he mea tanu hoki ngaa kaipaaka i takoto ai te tuupaapaku ki toona anoo rua kooiwi.

kaipoke
cultural illness arising after contamination of the sacred by the profane

I te paangia oona e te wheewhee, moohio tonu te kaumaatua, he kaipoke te mate. I te paakatio kai te whenua o taa raaua peepee e noho ana i hua ake ai te kaipoke.

kaipuke
ship

Ka haere au ki te kimi mahi maaku i runga i ngaa kaipuke.

kaipupuru || kaipupuri
holder

Kei te kaihautuu o ngaa haahi, kua tae mai koe kei mua kei too maatou kuiini, te kaipupuru i ngaa waka whakapono kei runga kei teenei motu, tiimatangia mai i ana tuupuna, te mau ki teenei taonga, ki te whakapono.

kairuuri
surveyor

Ko Matariki te kairuuri,
ko Atutahi kei te taumata
o te Mangooroa.
(Naa Taawhiao)

kaitaka
cloak with taaniko border

Ko te kaitaka te kaakahu i
mau ai a Te Atairangikaahu
i toona whakawahinga.

kaitiaki || poutiaki
guardian, caregiver

Ko taatou anoo hei kaitiaki
moo te awa o Waikato
me oona koiora katoa.

kaitu
be at a distance

E noho ana i te awatea,
ka haramai te aroha ka
kaikino i ahau... Tee kite
atu au i a koe e hoa, e
kaitu ake nei. (WT)

Kaiwaka
an atua sometimes seen as rays of light through threatening clouds, foretelling misfortune

Whakatuutuu ai te
kapua i te rangi mehe
ko Kaiwaka. (WT)

kakama || tere
on to it, quick, agile

Kei kakama rawa te waha.
He taonga te whakarongo.

kakatea
sun-bleached

E kakatea ana ngaa miro
harakeke kia maa ai, kaatahi
ka whatua hei korowai.

kamokamo
marrow

Ka kinihia ngaa wenoweno
o aa maatou kamokamo
hei kiinaki i te kai koohua.

kamu
join in singing (traditional songs)

Kia pau te hau, me haa,
kaatahi ka kamu mai anoo.

kamukamu
munch

E, ka kamukamu ki ngaa
mahi, koia hoki. (W)

kanakana
stare wildly

Kanakana kau ana ngaa
karu o teeraa raa.

kanga || kohukohu
curse, swear word

Ka tuwhaina atu
e ia he kanga.

kanohi || mata, kamo
1. face 2. eye

1. E huri too kanohi, e, ki
te hau tuuaaraki, Te Tiriti
o Waitangi e tuu moke mai
raa, auee te aroha e. (W)

2. Noo Taranaki ka rewha te kanohi o Taawhiao.

kao
dried kuumara

Ka waru te kao, ka patu te rou, ka reka te kaomiti a! (Naa Te Rauangaanga)

kaokao || keekee
armpit

Ka hiki te ringa o te tupuna, ka rite te whai o te pae maunga ki tana kaokao, ka kiiia iho ko Te Kaokao-roa-o-Paatetere.

kapeu || kopeu
greenstone ear pendant (hockey stick shape)

He kapeu te taonga a Tuuwhaangai, i mau raa i tana taringa i ngaa waa katoa.

kapi
fully occupied, covered

Noo te taenga o te kaumaatua ki te marae, kua kapi katoa te paepae.

kapokapowai
dragonfly

Ki te kite koe i te kapokapowai, ka kitea te aahua o te waka topatopa.

kapu (-a)
1. cup (of hand) 2. get a handful

E toru ngaa taonga kei te kapu o taku ringa. (Naa Taawhiao) 2. Kapua ake he wai hei inu maau.

kara || haki
1. colour 2. flag 3. collar, horse collar

1. Ko te kahurangi te kara o ngaa hei o Tainui. 2. E kapakapa ana a Manawa ki runga, ko te kara teeraa a te Kiingi. 3. Whakamaua tikangia te kara o too hooiho.

karaka
fruit of the karaka tree used as food, medicine and dye

I whiwhi katoa ngaa Maaori o teenei whenua i te painga o ngaa karaka, me te pai hoki o ngaa purapura.

karakara
colourful

Hei kaakahu kori nei i te kaainga nee, ka whakaaro maatou he tino pai e paapaatingia ana ki ngaa mea karakara.

karanga (-hia, -ngia, -tia)
1. kin, relative 2. call

1. He karanga tamaiti teeraa naaku. 2. Karanga te raa oohaakii o too taatou tupuna, o Taawhiao.

karangarua
person related on two sides, cousin

Ko te tuakana me te teina raa nee, engari ko te koorero i ngaa kaumaatua i noho mai i roto o Kaawhia, he karangarua taa raaua karanga.

karangatanga
calling

I tiimatangia mai teenei karangatanga ki a maatou, ki too maatou whaea.

karapitanga || aapititanga
joining, collection

Naa runga i te rironga o te mana o Rereahu i a Maniapoto, me toona kaha ki te haapai i te iwi me toona rangatiratanga, aapiti ki te toopuutanga o ana teeina ki te haapai i taua mana, tae noa iho ki te karapitanga o oo raatou uri ko ana tuaakana me ana teeina, tuaahine, me ngaa uri o Hia me Raka i runga i te moemoenga, ka uhi te mana o Maniapoto ki runga i a raatou katoa.

karapititanga || aapititanga
joining, side by side

Koia teenei ko te kupu, te mana whatu-aahuru, ko te karapititanga o eenei mea e toru o te toto, o te kikokiko me te atuatanga.

karapoti (-a, -ngia)
to surround

Kaare he putanga moo Te Kooti i eetehi waahi kee atu. Kua karapotingia hoki e ngaa hooia o te Paakehaa.

karawaka
fever

Te aahua nei, he karawaka te mate o te taimaiti nei. Me hari ki te rata.

karawhiu (-a, -ngia)
thrash, beat

Ka haere tonu mai ngaa mangoo kia tata tonu mai, ka karawhiua ki te ripi. I eetehi taima kotahi anoo te patu, e rua, aa kaatahi ka mea haere, koiraa taau mahi, he patu haere.

kare || kaarewa
surface

Kia puta mai te raa i te maunga o Pirongia, e ka whiti ki runga i te kare o te wai kaare e kite te mangoo i a koe e tuu ana.

kareao || pirita
supplejack

Whakamahia ana teeraa, te kareao hei mahi hiinaki.

karekau
1. nothing 2. no 3. not

1. Karekau ana he mate o te noho takitahi. 2. Peti: He kawakawa e tupu ana i konei hei tauaa moo taatou? Mere: Karekau, engari araa ree, he rarauwhe kei koo. 3. Mehemea ka titiro atu taatou inaaianei, ka kite atu taatou karekau tana pootae i runga i a ia.

kariri
bullet

Me whakarongo koe ki te puutake o too whai, ana, ka kuhuna atu he kariri ki roto i too puu.

karito
freshwater fish

Kitea ana ngaa karito i te roto o Waipaa.

karu
1. eye (of potato, kuumara) 2. eye area (larger than eye itself)

He maha ake ngaa karu o te riiwai Maaori i oo te riiwai Paakehaa.

karure
roll the thread upwards (in weaving)

Ka maroke, ka koomingomingo, ka karure i ngaa muka.

katau || matau
right side

I a koe ka whai i te rori o Whitmore ki Kihikihi, kei too taha katau te whakapakoko o te Ika a Whiro, o Rewi Manga Maniapoto.

katikati || kutikuti
1. shear (sheep) 2. scissors

Kua mutu taku mahi katikati hipi.

kau
1. alone, in solitude 2. swim 3. absolutely 4. finally/fully

1. Noho kau ake ana te koroheke i tana whare. 2. Ka kau atu i teenei taha o te aakau ki te maataarae i koo atu raa. 3. Kaaore kau hoki e whakaaetia ana te patu tangata i teenei kura. 4. Oti kau ana teenaa mahi, kua riwha katoa.

kauaka || kauraka, kaua
don't

Kaaore maatou i whakaaengia e too maatou nei tupuna. Ko taana mai, "kauaka koutou hei totoro ki teenei mea, ki te whakapapa."

kauanuanu
1. respect 2. awe-inspiring, magnificent

I koropiko a Ueoneone i tana kaha kauanuanu ki a Taawhia-ki-te-rangi.

kauhanganui || kauwhanganui
1. centre passage of a meeting house 2. forest clearing

1. Ka takoto te tuupaapaku ki te pou tuarongo o te whare, ki te pito raa anoo o te kauhanganui o te whare. 2. Tunutunu maakaikai, kei te miti, kei te wara, kei te Kauhanganui-a-Taane.

Kauhanganui, Te
parliament established by King Taawhiao

Naa Taawhiao raaua ko Tupu Taingaakawa i tuu ai Te Kauhanganui ki Maunga-a-kawa.

kauhua
horizontal support for floor of canoe

Kua piki te wai ki ngaa kauhua o te waka.

kaumoana
crew of canoe

Ka whakangungua e Hoturoa ana kaumoana moo runga i a Haunui i mua i te whakawhitinga i te Moana-nui-a-Kiwa.

kaunaroa
the middle section of a waka

Kei mua te tauihu, kei muri te taurapa, ko te kaunaroa kei waenganui e hono ana.

kaupapa
1. body of cloak 2. topic 3. cause 4. body (figurative)

1. Ka noho ki te whatu i te kaupapa o te kaakahu. 2. He aha taa taaua kaupapa koorero? 3. E mihi ana ki te kaupapa o te raa naana taatou i whakahuihui i te raa nei. 4. Ka rere te wairua, aa, ka hoki mai anoo ki toona kaupapa.

kauraka || kauaka, kaua
don't

1. Kauraka hei keri teeraa whenua. 2. Kia kauraka te puna o te koorero e maarari.

kautaahoe || kauhoe
swim across

I kautaahoe taku ruruku ki Oohope, ki Ngaai Tai.

kauwae || kauae
chin

I te tau 2007 i taamokongia ai ngaa kauae o teetehi kaahui kuia noo Tainui i roto i a Pare Waikato e Mark Kopua, hei tohu whakamaharatanga ki Te Arikinui, ki a Te Atairangikaahu.

kauwae moko || kauae tehe, kauae taarua
tattooed chin

Aakuanei he waa anoo hei mau i te kauwae moko o taku tupuna, o Heeni.

kauwaka
spiritual vessel, someone who channels the spirit of another

1. Ka whiua e te kaumaatua taana tokotoko ki te marae, hei kauwaka moo ngaa whai a te hoariri. 2. Ko te ruuruhi raa hoki te kauwaka i whai reo anoo ai te hunga wairua i te ao kikokiko nei.

kauwhanganui || kauhanganui
1. centre passage of a meeting house 2. forest clearing

1. Whakawaateahia te kauwhanganui o te whare hei ara hiikoi moo te iwi. 2. Tunutunu maakaikai, kei te miti, kei te wara, kei te Kauwhanganui-a-Taane

kauwhau || kauhau
sermon, speech

E whakamaaoringia ana ngaa koorero me ngaa kauwhau me ngaa akoranga a ngaa minita kaare e moohio ana ki te koorero Maaori.

kawa || whakaritenga
1. protocol 2. sour

1. Ko te kawa o Tainui waka, ko te tauutuutu araa, ko te tuu atu, tuu mai. 2. Ki te roa rawa te reewena e noho ana i roto i te oko kaare e whaangaihia, ka kawa.

kawau maaroo
advance in column, a formation in war

Araa te toa o Maniapoto, he taakai puni, he kawau maaroo.

kawe || hari, heri
carry, take, bring

Kua tiimata anoo taku mahi i te ata, te haere ki Waitomo ki te kawe mai i ngaa kiriimi o reira.

kawe pakanga
make war

Kua moohio ngaa Paakehaa nei, aae he peenei naa naa he wheeraa raa raa te noho a Te Kooti, e hiahia tonu ana raanei ki te kawe pakanga maana.

kawe wahine
escort bride to her groom

Ko te hokinga o Tuurongo ki Kaawhia, ka rite i a Houtaepoo te tikanga kawe wahine.

kawenata (-tia)
covenant

I ara ake ngaa Kawenata ki ngaa kura o Waikato e uu ai te maatauranga-aa-iwi.

keekee || kaokao
armpit

I ngaa mahi haka o mua, kaaore i pai kia whakaaturia ngaa keekee i te waa o te waiata aa-ringa.

Keemureti
Cambridge

Ko Arekahaanara tooku haaona kaha, ko Keemureti tooku oko horoi. (Naa Taawhiao)

kei || hei
1. at – time 2. future time particle 3. stern of canoe

1. Ka mahia nei taana mahi, he rerekee taana, kaaore i mahi i te awatea, kei te poo kee, ka mutu ka uuwhia, kia poo raa raa kaatahi ka mahi. (Moo te whatu kaakahu)
2. Kei aapoopoo te pahi wehe ai i Tuurangawaewae.
3. Ko Taamaki makaurau te kei o te waka o Tainui.

kekepuku || whakakeke, nohopuku
resistant, withholding

I te whakamau o taua wahine ki tana hoa taane, ka noho kekepuku i tana ruuma.

kerakera
revolting smell, putrid, filth

Rere ana te kerakera i te takiwaa i te waahi i pae ai ngaa tohoraa ki uta.

kerekere || pango, poouriuri
dark

Ka kerekere te wai, ka kerekere te patu, ka kerekere te kai, ka kerekere te tangata. (Naa Tiitokowaru)

kerekerewai
pins and needles

I te roa o te noho, kua kerekerewai katoa ooku papa.

keri (-a, -ngia) || kari
dig

Taku mahi tuatahi, he keri waro, koia naa ngaa mahi e hoa, tuuturu, noo mua noa atu teenaa tuu mahi.

keri awa || kari awaawa
dig trenches

Heoi anoo i haere ai too maatou matua ki te keri awa, ki te tapahi harakeke, ki te hao ika, ko ngeeraa ngaa maatou nei oranga.

keri kaapia
gum digging

E haere kee ana ngaa taangata, ngaa Maaori ki te keri kaapia, ki eeraa mahi.

kete muka
a kit made with flax fibre

Naa, ka aakona au e taku whaea ki te mahi kete muka.

kete puhipuhi || kete muka
a kit made of flax fibres with coloured tassels or adornments

E kiiia ana teeraa kete, he kete puhipuhi. Ka whatua aua muka raa me oona kara anoo, aa, ka whakapiria ki te kete, hei puhipuhi moo runga i te kete.

kete riiwai
a kit for collecting potatoes

I tiimata taku mahi i ngaa kete noa iho nei, ngaa kete riiwai noa iho nei.

ketekete
1. chattering sound of birds
2. chattering of teeth

1. Ketekete kau ana te kaakaa i te wao.
2. Ketekete ana ngaa niho i te kaha makariri.

ketu
scratch

Ka ketu haere ngaa mangoo.

ketuketu
1. scratch repeatedly
2. rummage

1. E ketuketu ana au i te nui o ngaa kutu. 2. Ka ketuketu haere au i taku kete, kaaore i kitea aku rarerare.

kewha
unsettled, irresolute

Waihoki maa te kotahi o teenei whakatupuranga e puta ai i ngaa rorerore o ngaa ture, me ngaa whakahaere aa-kewha.

kihakiha
pant

He rongonui a Hotumauea ki te oma, ki te peke, tau ana, ka kihakiha i te ngenge.

kiihei || kiihai
did not, was not (past tense only)

1. I te moenga o ngaa kanohi o taku whaea ka tono ia me whakahoki ia ki Waiheke, kiihei au i whakaae, ka whakahokia mai e ahau ki te moana nei, ki Hauraki, ngaro ai ia.
2. Kiihei i taro, ka huu te riri, ka ngau te tootohe.

kiikiitara || tuu te hiinawanawa, hiitaratara te kiri
goosebumps

Ka kuhu au ki Miringa Te Kakara, kaatahi ka tae mai te kiikiitara ki a au.

kiingi
king

Koia nei te pou kupu, pou tangata, pou kiingi, pou atua, pou kuiini.

Kiingitanga
King Movement

1. Na, i konaa katoa aku tuupuna e awhi ana i te Kiingitanga, noo reira koia nei too raatou nohonga.
2. Naa, koiraa anoo hoki too raatou whakaaro i eeraa waa, hei maunga aa-ringa moo raatou e haere ai raatou ki ngaa raa o te Kiingitanga.

kiiwhi
disc-like tool pulled by tractor or horse

Ko ngaa hooiho mahi nei, he parau ki te kiiwhi i te whenua

kikino
evil

Ka whakapaamungia teeraa whenua e maatou, e ngaa kaimahi mahi i te whenua naa kia pai, ka kore hoki kua murua hoki e te kaunihera moo ngaa tarutaru kikino nei naa raatou nei i hari mai.

kiko
flesh, meat

Ka tangotango katoatia e ia ngaa kiko o runga, ka waihotia e ia ngaa wheua, ka tunua e ia hei hupa, koiraa ngaa maatou kai i ngeeraa waa.

kikorangi || kahurangi
blue

Kaaore hoki a Keni i moohio ki te koorero Paakehaa nee, ahakoa he Katimana te matua, he kikorangi anoo hoki ngaa whatu.

kimi (-hia) || rapu
search for, look for

Ko taatou teenei ko ngaa pitopito tamariki mokopuna i waihotia iho e raatou, e hari nei i ngaa tikanga, e kimi nei hoki i te oranga moo taatou katoa.

kimihanga
findings

Ko oona nei kimihanga hei oranga moona, moo tana whaanau tahi.

kimo (-ngia) || whakaweto
turn lights off

Kimongia ngaa raaiti kia tau ai te poo.

kimokimo || keko, kemo
wink

E kimokimo tonu ana ngaku karu.

kini (-ngia)
pinch

Nooku e peepi ana, ka kiningia au kia tangi au.

kinikini (-ngia)
twist and snap off, pinch

Ka kinikiningia ngaa wenoweno o te kamokamo hei kiinaki moo te miiti.

kino
harbour ill-feeling
Na, ka kino a Ruapuutahanga, ka puuhaehae hoki ki a Apakura, na ko tana hokinga teenaa ki toona iwi ake.

kinokino
1. ill-treat 2. nauseous, queasy
1. I aahua kinokino raatou. Kua aahua noho wheekiki pea ki a raatou i Te Kuuiti i runga i te titiro mai a eetehi o Ngaati Maniapoto. 2. Kua kinokino katoa au i te kaha o taku kai tiitii pakapaka.

kipakipa
to hurry someone along, giddy-up
Maa ngaa wae e kipakipa te hooiho kia neke ai.

kiri || peha
skin, body (figurative)
Kia poo ruatia e awhi aa-kiri ana. (WT)

kirikiri
gravel, sand
Ko te aahua o te koopuu maania, he kirikiri te aahua.

kirimina || kirimana
contract, agreement
Ka oti teenaa kirimina i waenganui i a taatou.

kiriunahi
scaly rash, eczema (skin)
Kia kino mai hoki te rapirapi a taku mokopuna i tana kiri, i te mate kiriunahi.

kiriweti
irritated, annoyed
I kiriweti te heamana ki te heekeretari i te korenga o ngaa meeneti i tika.

kitakita || riiwai ririki
small potatoes
Kainga ngaa kitakita i te tuatahi.

koakoa || whakamihi
salutations
Miiroi, e Taane! Koakoa, e Taane!

koaro
snub, disdain
Kaare he aha ki a Ihutoroa te mana o Kiki-whakamaroke-raakau, ka tuu te ihu, ka koaro.

koero || rewa
melt
Kua koero te hukapapa.

kohaetanga || hae, haeata
glow of dawn
Kei te kohaetanga mai o te raa, kua haere taatou.

kohari (-ngia, -tia) || 1. tiipako 2. penupenu
1. select, choose 2. mash

1. Ka koharingia ngaa hua e maoa ana, ka waiho ngaa hua e mata tonu ana. 2. Koharitia ngaa riiwai, me ngaa kuumara, ka whaangai ai ki te peepee.

kohi (-a, -ngia)
gather, collect

I kohi parakipere too maatou matua hei mahi tiamu maa maatou.

kohituu || matekohi
tuberculosis

He mate tawhito teenei mea, te kohituu.

kohukohu || kangakanga
1. swear 2. moss

1. Kia kaua te kohukohu, te kanga e rangona i te waa o te karakia. 2. E tupungia ana teenei papa e te kohukohu i te kaha haumookuu.

koia || koinaa
that's it

I wera te whare i te ahi, koia teenaa te take i huunuku ai maatou i reira.

koiangi || tikotiko, rokeroke
diarrhoea

Kaatahi anoo au ka kai i te kina. Te mutunga iho, ka mate au i te koiangi!

koiawaawa
groove

He koiawaawa kei runga hei kati i te kuuaha.

koineki || koinei
this is

Koineki te tikanga o te koorero, ko te Atua tonu te koowhao o te ngira.

koiora
life, ecosystem

Hoki ake nei au ki tooku awa koiora me oona pikonga he kura tangihia o te maataamuri. (WT)

koiraka || koiraa, ko teeraa
that is

Koiraka te painga o te noho aa-whaanau. Maa teetehi anoo teetehi e haapai i ngaa waa o te toimahatanga.

kokekoke
roamer

Kokekoke ana raa te huarahi o te tangata, ka tae ki wiiwii, ka tae ki waawaa.

koko (-a)
1. get or give a spoonful
2. shovel up

1. Kokoa atu ngaa riiwai penupenu hei kai maa taa taaua peepee. 2. I kokoa e te kaimahi ngaa oneone ki runga i te huripara.

kokoru
bay

Kei ngaa kokoru o te uru
ngaa kuku me ngaa tio
tae atu ki ngaa puupuu.

konakona
sickly feeling after eating rich creamy foods

I muri i te kai kiriimi,
ka konakona.

koneki || konei
here

Haria mai ngaa koutou
peeke ki koneki.

koniahi || piriahi
stay by the fire

I te maaeke o waho, ka
koniahi a Tiki maa.

konikoni || hiinaamoe
getting sleepy

Kua konikoni hoki i te
haaneanea o taaku noho.

konipaoa || koniahi, piriahi
stay by the fire

Maa te konipaoa, ka mahana
te noho i te takurua.

koo
1. a term of address to younger males and females 2. there

1. E koo, hurihia te whaariki
naka kia kitea ai te tauira.
2. Me tiimata mai i koo,
ka haere mai, ka huri haere
mai, ka huri haere mai.

kooeke || tupuna
grandparent

Me e hee ana te mahi
a te tamaiti, noo ngaa
kooeke te hee.

koohamo
back of the head

Kaaore ia e pai kia
waahia, i te mea kei
te maarama te waahi i
whara, ko te koohamo
ahu mai ki te kanohi.

koohatu || koowhatu, poohatu
stone, rock

E te Ariki, e Ata, teenei
te koohatu nui i te ao . . .
kua tatuu mai kei mua kei
too aroaro, ngaa waka o
runga i too taatou motu.

koohua
1. pot 2. boil

1. Ki te mahi i ngaa
harakeke, me koohua e koe.
Ka koohua, ka whakairi.
2. Ringihia atu he wai ki
roto i te koohua, ka uta
ai ki runga i te too.

koohua kai
boil-up

Kua tangongia ake ngeetehi
o ngaa huahua raa i roto i
te keene kiriimi, kua panga
atu ki roto i te koohua
kai, na kua tunua atu he
puuhaa, he riiwai hoki.

koohumuhumu || koohimuhimu, koomuhumuhu
whisper

Ka rere te koohumuhumu i Taamaki, kaare he mana o Toaangina.

koohungahunga || koongahungahu
toddler, infant

Noo te waa e puta haere ana ngaa niho o te koohungahunga ka ripia ngaa pae niho ki te maikuku o te ruuruhi.

koohure
to turn inside out

He mea koohure e ia toona koti pango kia kore ai e maawhe i te raa.

kooii || pooii
spoiled food (prior to rotting)

Kaua e tukuna kia puta atu ki te hau, ka tere te kooii o ngaa kai.

kooingo
1. deep thoughts 2. desire

Amo kau ana te kooingo o Raka i tana hiahia ki te tamaahine a Hoturoa.

kooiti
little finger

Noo te porotanga o te matimati o Te Huaki ka ara te kupu koorero, 'kua riro te kooiti naa Te Huaki'.

kooiwi
bone

Kei konei anoo eetehi o ngaa kooiwi o oo taatou maatua tuupuna.

kookaa || maroke
1. dried foods 2. withered

Ko te pakanga ki teenei motu kua rite ki te kookaa harakeke, ko ia e whakaara pakanga, ko ia tonu ka utu.

kookaa harakeke
dry flax

Taakirikiringia mai ngaa kookaa o ngaa harakeke.

kookii
shark liver

Ko te kookii teetehi tino kai a te Maaori.

kookiri
advance, progress

Ka tohungia te tangata, ko Turi Kara, hei kookiri i te kaupapa ki te kuiini o Ingarangi.

kookoo || tuuii
parson bird

Tangi ana te kookoo i runga i ngaa koowhai o te wao.

kookopu
1. large variety of eel 2. small fish

Titiro, ko ngaa ika o aua wai he kookopu, he kooura, he kooaro.

kookopu tuna
female of large variety of eel

Koia ko Apakura te wahine moohio ki te hao i te kookopu tuna.

kookota
1. bivalve mollusc 2. sun-bleached midden

1. Te mahi a te kookota e takoto nei i a Hine-tuu-aa-kirikiri. 2. Kua kookota ngaa anga i a Tama-nui-te-raa.

koomeme || pirau
spoiled food, (bubbling of watercress)

Ka roa te kai i te koohua ka kitea te koomeme, kua moohiotia kua pirau te kai.

koomingomingo || mingimingi, koromingomingo
curly hair

Koomingomingo ana ngaa makawe o Parewaatene Hauraki.

koomuku (-hia, -ngia) || muku
rub puuhaa with both hands to remove chlorophyll

Koia ko te mahi, he koomuku i te puuhaa e maamaa ai te puunitanita.

koomukumuku (-hia, -ngia) || mukumuku
rub

Koomukumukuhia ngaa puuhaa naa kia kore ai e tiotio.

koomuru (-a)
de-kernel (corn)

Ka koomuru koe i te kaanga.

koonatunatu
rub eye with closed hand

E koonatunatu ana te peepee i ana kanohi.

kooneke || tooneke
sled, sledge

Noo reira tooku moohiotanga ki te whakatupu kai, ki te ngaki kai, ki te haere ki te hopu hooiho, ka whakamaumau i ngaa kara, i ngaa tiini, ka whakamau ki roto i te kooneke hei tootoo i aa maatou kai.

koongahungahu || koohungahunga
toddler

I a au e koongahungahu ana, i atiatia maatou i te marae i te waa o te poowhiri.

koongeri (-a, -hia, -ngia)
dunk, dip into

Kaatahi ka koongeria te maahunga ki roto i te koohua raa hei hiki i te tapu i runga i a ia.

koongiongio || kooriorio
withered, shrivelled

Kua koongiongio te peha o aa taatou aaporo, moumou raa hoki!

koongiri
shove wood or food such as potatoes into the hot ash or embers

Ka koongiri i te riiwai e maoa ai i te pungarehu.

koopere || kahukura, taawhana, aaniwaniwa
rainbow

Noo te kara o Kiingi Mahuta e tare ana, ka kitea te atua koopere, a Uenuku, te waka o Tainui, a Matariki, he riipeka, te marama me te raa.

koopikopiko || koropikopiko
1. meander 2. windy (road, river)

I koopikopiko taa maatou haere i ngaa rori kokikoki o Marokopa.

koopukupuku
rash

Koopukupuku ana te kiri o te peepee i te miraka kau.

koorangaranga
ache, throb

Koorangaranga ana te waewae i te mate kaute.

koorari
1. diarrhoea 2. flower bract of flax

1. He mate te koorari ki te paa ki ngaa peepee, ki ngaa kaumaatua raanei.
2. Ko ngaa koorari harakeke raa, koiraa ngaa kori e mahia ana e maatou nei, maa ngaa tamariki.

koorau
young fern roots, turnip leaf, leafy greens

Ko te koorau, ko te poohata raanei te kiinaki pai ki te kai koohua.

kooretireti || reti
slide

Ko aa maatou nei mahi, he pikipiki raakau, he kooretireti i runga i ngaa niikau.

kooriorio || koongiongio
withered, shrivelled

1. Kua kooriorio aku tinaku, i te roa rawa e noho ana i te whata kai. 2. Kooriorio ana te kiri i te roa e takoto ana i te taapu horoi.

kooroa
index finger

Koonui, kooroa,
maapere haa! (W)

kootamutamu
smack the lips

Kootamutamu ana ngaa ngutu o te kuia i te kitenga i te piititi maoa.

kootautau
slope

Tiihaehaengia ngaa tahataha o te pouaka hei papa retireti i te kootautau o te hiwi.

kootero
fermented potato

Ko ngaa kai, he kaanga pirau, he kootero, me kii ko te rohi ko te paraaoa, he rohi reewana, he takakau.

kootoretore
sea anenome

He tino kai te kootoretore noo te Tai Hauaauru.

kootutu (-hia, -ngia)
1. a ladle 2. to ladle 3. diced meat

1. Homai te kootutu hei koko i te hupa. 2. Kootutuhia mai he kai ki taa taaua riihi, hei hari maaku ki aa taaua manuwhiri. 3. Ngohengohe ana te kootutu o te kai koohua.

kooura ririki
freshwater crayfish

He waa toona e maatotoru ana te kooura ririki i roto i te awa, 'tahi ka whakakotitingia te rere o te wai, ka ngaro.

koouru (-a, -tia)
thrust in, insert, submerge

Koourutia te raakau ki te puare iti.

koowarowaro
having high steep banks

Koowarowaro ana ngaa tahataha o te awa o Waikato i te takiwaa o Arapuni.

koowhaa (-tia)
1. flash 2. take out of shell

1. Ka koowhaa mai te uira i te rangi. 2. Koowhaatia mai ngaa kuutai ki rahaki, kaua ki konei.

koowhatu || koohatu, poohatu
rock, stone

Ehake teenei hui i te hui tiitai koowhatu, waawaahi puku raanei.

koowheewhee || wheewhee
a boil

Me rapa atu te rau o te karaka ki runga i te koowheewhee e puta ai te pirau.

koowhekowheko
die out and blaze up again

He ahi koowhekowheko
te ahi rarauwhe.

koowherawhera || hiitakotako
yawn

Kua ngenge, kua hiamoe,
kua koowherawhera.

koowhetewhete || koohetehete
1. whisper 2. scold, growl

I te huringa atu o tana tuaraa ka koowhetewhete atu au ki taku hoa i taku taha.

koowhiti
sunken, glazed over eyes (in sickness)

Kua koowhiti ngaa kanohi o te haaura, me whaangai ki te rongoaa.

koowhitiwhiti || waatakirihi
1. native watercress 2. digress (change topic) 3. grasshopper

1. Katohia mai he koowhitiwhiti i ngaa paripari o Mangapuu. 2. Ahakoa te ngana kia uu ki te kaupapa, i koowhitiwhiti. 3. Tarapeke ana te koowhitiwhiti.

kopa || piko
1. bent (body) 2. club foot 3. side of meeting house

1. Kua kopa te haaura i te kino o te maauiui. 2. I te whaanautanga mai o te peepee, he kopa te waewae. 3. Ka noho te hau kaainga ki te kopa iti o te whare.

kopepe || koropepe
spiral design pendant with the head of a manaia and tail spiralling inwards

E mau ana a Te Kore i tana kopepe. Kia aataahua mai!

kopeu || kapeu
greenstone ear pendant (hockey stick shape)

Ko te kopeu raa hoki, he momo mootoi anoo engari he piko teetehi pito.

kopia
gorge, narrow gully

He mea too te hoariri e Tamaaio ki te kopia, ki reira patua ai.

korekore
1. nothing 2. few people 3. of little significance

1. Ka maahuehuengia teeraa kaainga, kaatahi ka korekore rawa atu ngaa taangata 2. He maha hoki ngaa mea kaare e whakapono ana engari kua korekore maatou e ora nei inaaianei 3. Ko ngeeraa taapiritanga koorero, he mea korekore noa iho.

koretake
useless

He pao teenei naa too maatou tupuna, engari kua aahua koretake taku reo waiata inaaianei.

kori || keemu, taakaro
games

Ko ngaa maatou nei kori i ngeeraa waa, e mahingia ana he raupoo hei winimera.

korikori
twitch (eye)

E korikori ana taku karu, aii, ka tangi au ki a wai?

koringa || 1. papa taakaro 2. ngahau
1. playground 2. fun

I ngaa waa e tamariki ana au, koinaa too maatou koringa.

koroheke || koroua
elderly male

Me kii ake au ko ngaa koroheke me ngaa ruuruhi ngaa pou o ngaa whaanau.

koroihe
cloth

Mukua te paenga kai ki te koroihe.

koromatua || koonui
thumb, big toe

Ka ngaua e Te Hurinui te koromatua o tana koroua.

koromingi
frown

E koromingi ana te kaiwhakawaa ki te kaiwhakapae.

koronae
1. drink with a cupped hand 2. wreath made of flax, fern for haangii

1. Ka whakamaatauria e Hekemaru tana ope tauaa, ko te hunga ka koronae, ka whakaaetia e ia. 2. Mahia mai he koronae hei nohoanga moo ngaa pipi i te haangii, kia pai ai te tao me te whakamaroke.

koronga || inoi
beseech, pray for, aspire for

Kei te puu, kei te kaauru, kei te hiahia, kei te koronga.

koropupuu
boil

Me koropupuu ngaa harakeke ka whakairiirihia, naa hei mahi whaariki.

koroputa || kooputaputa
holey

Kaaore e koroputa katoa ana taku kaameta.

koropuu || wharau
shed for storing potatoes

Wahaina mai he papa raakau hei whata moo roto i te koropuu, hei taunga moo te rarauwhe me ngaa riiwai.

kororere || tikotiko, rokeroke
diarrhoea

Ko te koromiko te rongoaa pai hei patu i te kororere o te tou.

korotaha || titiro pii
look askance, look sideways at

I te hokinga mai o ngaa kaute a te pakihi i te kaikaute, titiro korotaha ana ngaa kaiwhaipaanga ki te kaitiaki moni.

koroua || koroheke
elderly man

Tiakina ngaa taonga i waihotia mai ai e oo taatou kuia, koroua ki te ao.

korowai
cloak with tassles (no feathers)

He rerekee anoo te korowai i te kaakahu, ka whakanikohia te korowai ki te hukahuka anahe.

korowhiti || whio
whistle

Ka korowhiti atu a Paraone ki tana punua kurii, ki a Tenten.

korukoru || kuurehcrehe
wrinkles

Ka kaumaatua au, aakuanei pea ka korukoru katoa taku kanohi.

kotiti
stray

I kotiti atu a Tainui ki Tauranga, ka hua ake te koorero, 'Papaki kau ana ngaa tai o Mauao, i whakanukunukuhia, i whakanekenekehia, i whiua reretia e Hoturoa a Wahinerua ki te wai . . .'

kotokoto
squeak, cackle sound

He miiharo te kitenga atu i ngaa maki e kotokoto ana i te karetai o te wai.

kowhera || kohera
flash (as lightning)

Kowhera ana te rangi i runga o Karioi.

kowhete || kohete
growl, scold

Ka rere te kowhete a Maniauruahu ki tana tamaahine, ki a Heke-i-te-rangi.

kuhu (-na)
put on (clothes), enter into

Kuhuna ngoo kaka pai, ka haere ai taaua ki te poo whakangahau.

kuiini
queen

Ka whakahiihii te tangata i ana moohio ki tana whakapaparanga nee, kua taati ki te kii mai ooo, he huaanga ia ki te kuiini.

kuku || uhu
cramp

Kua kuku te waewae.

kumukumu
gurnard

I pai taku hii kumukumu i waho o Kaawhia.

kunanu
talking gibberish

E kunanu tonu ana teeraa, karekau nei he paku maaramatanga o ngaa koorero.

kunenga || tiimatanga
beginning

Kaaore i nui taa maatou kohi moni i taua waa, he kotahi taara i te kunenga. He mea takoha mai teeraa.

kupenga
net

Hei hao i ngaa ika i ngaa tahatika o te awa, me whakamahi te kupenga.

kura || whero
red

E kiiia ana, ka waiwai te kanohi i te tirohanga atu ki te kura o te ata.

kura maahita
schoolmaster, teacher

I waahia e Ngaati Mahuta he paraka whenua moo te whare o te Kura Maahita.

kuru (-a)
thump, strike

I kurua e ia te ihu o teetehi, koiraa hoki ia i panaia ai e te tumuaki o te kura.

kurukuru (-a)
1. screw (twist) the ears
2. throw

Ki te kore e whakarongo ki a koe, kurukurua ngaa taringa kia rongo ai. 2. Kia tuupato too kurukuru koowhatu kei hoki mai anoo ki a koe.

kuuao || punua
young (of animal)

He maha tonu ngaa kuuao, araa, ngaa papepape i whaanau mai.

kuuare
ignorant

Kaaore au e tino moohio ana ki teeraa mea, te whakapapa, he aahua kuuare teenei.

kuuaretanga
ignorance

Maa taatou anoo taatou hei aawhina i roto i ngaa kuuaretanga, i ngaa pooheeheetanga kia puta ai he maaramatanga.

kuuhaa || huuhaa, kuuwhaa
thigh

Naa te kuuhaa o Kinohaku i riro ai te kooingo o Tuuirirangi.

kuukuu || kereruu, kuukupa
pigeon

Moomona ana te kuukuu i te kai miro.

kuunaawiri
tremble, shiver (from the cold or illness)

Ka aroha te koroheke e kuunaawiri mai raa i te kaha o te maaeke.

kuunanunanu
gobbledygook

Kua kuunanunanu te kaikoorero i eetehi waa hei huna i te kupu.

kuupaa || puupaa
burp

Kaaore hoki aku tuupuna i pai kia kuupaa maatou, ngaa mokopuna i te teepu kai.

kuupapa || takoto
1. lie flat 2. stoop down

1. Ka kitea i muri iho, e rua, e toru raa raanei i muri iho e kuupapa ana i runga i te koohatu. 2. Anei teetehi o ngaa koorero tuku iho a Piupiu Te Wherowhero e mau nei i ngaa whaanau o Poohara: 'Kuupapa ki raro, titiro ake'.

kuutai || kuku
mussel

Me karakia i mua i te haere ki te tiki kuutai.

kuuwaiwai || waiwai
watery

He kuuwaiwai rawa ngeenei riiwai, he pai ake te muimui o taaku maara ake hei kiinaki i te pane ika.

M

maaeke || makariri
cold (not of food)

I te waa o te Takurua kua maaeke katoa te iwi.

maaere
first kuumara planted

Naa Whakaotirangi te maaere i whakatoo ki Hawaiki-iti.

maaeroero
forest beings like patupaiarehe and hakuturi

Ko teetehi waahanga o raatou i ahu mai i a Kurungaituku, i teenaa iwi e kiiia nei he maaeroero.

maahanga riterite
identical twins

E kore e taea e te tangata te maahanga riterite te wehewehe.

maahitihiti
ripple (as a stream over stones)

Maahitihiti ana ngaa wai i te waahi paapaku o te awa.

maahuehue
abandon, leave behind, separate from (marriage)

I maahuehue a Poto raaua ko taana wahine, ahakoa he mea taumau raaua e oo raaua hapuu.

maahunga || 1. pane, upoko 2. makawe
1. head 2. hair

1. Ka mamae too maahunga, ka meatia ngaa peha o too kanohi, he paihini, me tango i teeraa 2. Kua hina ngaa maahunga o Tiki.

maaia
brave, confident

Ka maaia au ki te koorero moo maatou, kaare au e wehiwehi ake.

maaii
extra fermented

Kua maaii te toroii.

maakikoihanga || whakahoohaa
pestering, annoyance

Ko teeraa too mahi, he maakikoihanga.

maakoi
shell

I ngaa onepuu i konei, ko ngaa maakoi anake kua mahue mai.

maakoi kuutai
mussel shell

Ko taa maatou parakuihi, ko te kaanga pirau, engari ko ngaa pune he maakoi kuutai.

maaminga
deceive

Ka maaminga a Manaia i tana hoe.

maana
1. for him/her, he/she will 2. I could be wrong, unless

1. I piirangi te Paakehaa o taua whenua raka kia haere atu ki reira ki te mahi maana. 2. Hei tuahine a Maanga moona, maana, hei karanga tamaahine kee.

maangi
float

He ao e maangi mai ana i runga o Taupiri.

maanuka
native tea-tree

Ka keria he waahi i te taha o te awa naa ka paapaangia ki te maanuka katoa o roto, o raro.

maaotaota
dry and juiceless (of immature or old fruit)

Kia weriweri hoki te rongo i te maaotaota, kua tino kore rawa i reka.

maapere
middle finger

Kei waenganui te maapere i ngaa matimati ringaringa.

maarama
1. clear 2. understand

1. He pai te maarama o te wai. 2. I teeraa waa hoki e pai ana, e maarama ana ngaa Maaori ki te karakia.

maaramatanga
understanding, enlightenment

Ka tae te maaramatanga ki roto ki a ia, kaatahi ka hoki atu ki ana kaumaatua, ki ana tungaane, ki ana paapaa, kaatahi ka koorero.

maarara || maara
garden

Naa, i tuu ai ngaa maarara kai i te waahi o te wharenui nei, e karangangia nei ko teeraa rohe, ko Kaipaapaka.

maarau
a dredge for shellfish

Ka whiua te maarau ki te papa o te moana hei hirou i te tupa.

maarie || maarire
peaceful

Okioki mai raa koutou, e kui maa, e koro maa, i te maarie o te poo.

maaringanui || waimarie, waimaria
fortunately

Maaringanui, i hari ahau i taku marara ki te Poukai.

maarire || 1. maarika 2. maarie
1. deliberately, intentionally, carefully 2. peace, peaceful

1. Aata titiro maarire ki ngaa taonga o runga i te waka nei, ki te haratau, utaina, hoea. 2. E moe, e 'ruhi, i te maarire o te poo.

maarohirohi || kaha, maaia
1. strength 2. brave

1. E Te Atua, whakatoongia te maarohirohi ki oo maatou tinana. 2. Me maarohirohi te tuu a te tangata i te pakanga.

maataamua || tamaiti kaumaatua
eldest child

Ko te kootiro nei te maataamua o ngaa maaua tamariki.

maataapuna
source of a spring, river

Ko Matua te Mana te maataapuna o te awa o Waikato.

maataitai
1. young bucks 2. salty

1. Titiro ki ngaa maataitai nei, takatahi ana, aa, kaaore anoo i maa noa ngaa paranga. 2. Ai, te kaha maataitai o te miiti poaka nei.

maatao || makariri
cold

Ahakoa e maatao ana a waho, e mahana ana a roto nei.

maataratara || taawhitiwhiti
far apart, widely separated

He maataratara ngaa kaainga o ngaa iwi e noho ana i reira.

maatau || moohio
knowledgeable

Ka maatau raatou ki ngaa koorero mai a too raatou ariki, aa ka tae ki te waa ka hoki ki te kaainga, kaatahi ka puaawai te whakaaro nei.

maatinitini || haakerekere
multitude

I te whakamaa noa iho ahau i waenga i te maatinitini o te tangata.

maatotoru
thick, in great numbers

Te nui o te ika nee, moo te tunatuna neki, i ngaa tunatuna, heoi anoo haere whakarunga ake, maatotoru tonu, kua kore koe e kite e wheeraa ana te maatotoru inaaianei.

maatou
we, us (three or more people) – listener excluded

I tupu ake maatou i te waa o te aata noho ki te waananga i ngaa tohu i puta mai ai i ngaa moemoeaa, i ngaa huarere, i ngaa waahanga o te taiao.

maatua
1. parents 2. firstly, importantly

1. I whaanaungia mai au i runga i te awa o Waikato, heoi anoo ngaa mahi a ngaku maatua i teeraa taima he hao ika hei oranga. 2. Me maatua moohio ki te reo Maaori i mua i te tuunga ki te whaikoorero.

maauiui (-tia) || mate
sick, infirm

Too tiakanga, e te Atua, ki too maatou Kiingi, ki te kaahui ariki, ki ngaa tinana e maauiuitia ana, tae noa ki a maatou katoa i te raa nei, Aae.

maaunu
loosen

Kua ngawhewhe, kua maaunu ngaa maurua.

maero
mile

Kaare i matara, he waru maero te matara.

maha || huhua
many, multitude

Na, koiraa ngaa kuumara i eeraa waa ki taku moohiotanga, haere mai nei kua maha ngaa kuumara.

mahamaha || nunui, huhua
a lot, lots

Kua ngaro te mahamaha noa iho o ngaa kaumaatua.

mahanatanga || puuaahurutanga
warmth

I rongo maatou i te mahanatanga i te haringa mai o ngaa ngaarehu o te ahi ki roto i te whare.

mahara (-tia) || whakaaro
1. think 2. thoughts

1. Kia mahara ake taatou ki aa taatou mahi e tuu mai nei aapoopoo. 2. Ka hoki ngaa mahara ki a raaua ko tana kuia, ka tangitangi.

mahau || mahaurangi
porch

E kore te ruuruhi e matara i te mahau o te tupuna whare i te waa o te poowhiri.

mahi (-a, -ngia)
1. to work 2. work

Mehemea he mahi pai moo te iwi, mahia. (Naa Te Puea)

mahi kai
produce food, make food

He kaha ia ki te whakangau poaka, ki te mahi kai.

mahi kete
make kete

Ka aakona au ki te mahi kete e ia.

mahi mangoo
fish for sharks

Ko ngaa waahi mahi mangoo, hii mangoo, i konei, he tuuturu paataka kai hoki te moana nei i mua.

mahi moni
work for money

Ka haere ki te keri awa, ki te aha raanei, ki te mahi moni hei tango kai maa maatou.

mahi tuna
fish for eels

I teeraa waa i tino ora maatou nee, te take, he haere ki te mahi tuna.

mahue (-ngia)
be left behind, abandoned

1. Ka mate taku hoa, ka mahue iho ko au anake, ka aroha ai ngoo maatou kuia ki a au. 2. Ko taku whaea i tohutohu ki a au nee, aa kua mahuengia e maatou a Moorehurehu.

mahuetanga
those left behind

Ko taatou ngaa mahuetanga iho o oo taatou tuupuna.

maiange || maiangi
rise

Kua tohungia te rangi, taa te Maaori, kia maiange anoo te marama.

maikuku
toenail, fingernail

Kaua hei tapahi maikuku i te poo.

maitai || rino
iron, metal

Noo ngaa tau 1940 ka whiwhi maatou i ngaa pune maitai a te Paakehaa.

maka (-a, -ia, -na, -ngia) || waiho
put, place

1. Noo te matenga, ka makaia atu ngaa tuupaapaku ki te kaawhena. 2. Ka makangia ngaa piupiu ki roto i te paru kia mangu ai.

makaka
a dish

Ko te makaka nei i whakamahia i te piriti i Whatiwhatihoe hei kohi kapa.

makarauria || kaanga
a type of maize – marigold

Makuru ana te tupu o te makarauria i too maatou kaainga.

makoa
full tide

Kua makoa te tai.

makuru || matomato
bountiful

I makuru te tupu o teenei mea, o te kai i teeraa kaainga.

mamae || kooharihari
pain, hurt

Ka mamae te ngaakau o taku whaea i taku whakatau kia wehe.

mamahu || mauru
be healed

Ahakoa ka pahemo ngaa marama me ngaa tau e kore te ngaakau kaitoa e mamahu.

mana
prestige, power, authority

Te tapu nui o te ao, kua tatuu mai koe ki mua ki too iwi Maaori, te taku i utaina e koe, te mana atua, te mana o te tangata ki runga ki ngaa kiingi, ngaa kuini, ko koe te tapu naana i whakatapu ngaa taumata nunui o te ao.

mana whatu-aahuru || aho matua
a covenant

Koia teenei kupu te mana whatu-aahuru, ko te karapititanga o eenei mea e toru, o te toto, o te kikokiko me te atuatanga.

manaaki (-ngia, -tia) || tiaki
care for, support

I haere mai teenei ki te manaaki i ana koorero.

manatuu
abscess, cyst (benign)

E tupu ana te manatuu i toona pokohiwi.

manawa
1. heart 2. finger (third)

Ko taku manawa e paatukituki nei, moou anake, e te tau.

manawanui || niwha
steadfast, resolute

Waiho maa Te Kooti teenaa waahi e tiimata, ki te tangi tana puu ki a taatou ko ia anoo te matenga. Naa, kia manawanui!

mangamangaiatua
superhuman

Kauwhata, Raukawa e ora ana i te aha? Tee mate ai i te uuhanga o mangamangaiatua.

mangemange
a climbing fern

Ko ngaa mangemange o te nehenehe, haria mai ana hei mahi moenga.

mangoo
shark

Ahakoa peewhea te piro o teeraa mea, o te mangoo, e reka ana ki a au nei.

mangu
black

Ka makangia te harakeke i roto i te paru kia mangu ai.

mangumangu
black

He mangumangu te aahua o te mea i kitea raka, aa kaaore i moohiotia he aha.

maninohea
ridiculous, senseless

E kore rawa au e whai i te tikanga maninohea.

manu ngangahu
a female performer who comes forward to incite passion within the male performers during the haka

He tau te wahine puukana hei manu ngangahu ki ngaa tahataha o te aroaro aa-kapa.

manuhiri tuuaarangi
visitors from afar

Kua tae mai koe ki te manaaki i te manuhiri tuuaarangi, kua tatuu mai kei mua kei too taatou ariki.

manumanutuu
pituitary gland

Ko te koonui o too waewae te waahi hei mirimiri e ora ake ai too manumanutuu.

manuwhiri || manuhiri
visitor

Kia oti katoa ngaa mihimihi, ana, kaatahi anoo ka haria mai, ka whaarikitia he kai maa ngaa manuwhiri.

manuwhiri tuuaarangi
visitors from afar

Ka whakanohoia ngaa manuwhiri tuuaarangi ki te waahi noho o te Kiingi i te Poukai.

maoa
ripe, cooked

Kia ngaawari tonu a roto o te riiwai i te werohanga ki te oka, kua maoa.

mapu
sigh

E mapu kau ana te tangata.

marae || kaainga
settlement, home, courtyard

Koia i haereere naa, i haere i runga i ngaa marae ki te torotoro ki ngaa huaanga.

marae aatea || waahi waatea
open area

I ngeetehi papa, ka tatuu mai ana te tuupaapaku ki te

marae, ka whakatakotohia ki runga whaariki i te marae aatea, kaatahi ka tiikina e te hau kaainga, ka kawea ki te takotoranga o ngaa maatua, tuupuna.

maramara koorero
superficial information

He maramara koorero noa iho te kai a te kuuare.

marara
scattered, dispersed

Ko Ngaati Mahuta teetehi o ngaa hapuu nui o Waikato, e marara ana ngaa wehenga, kei tai, kei uta.

maremare
cough

I te mate o ngaa puukahukahu o Wahieroa, ka kaha noa mai te maremare.

maringanui || maaringanui, waimarie, waimaria
fortunately

Maringanui, i moohio a Taawhaki ki te karakia e kite anoo ai te kuia, a Matakerepoo.

maruu
bruised

Ka takataka ngaa paramu ki te papa, ka maruu.

mataarerepuku
silent bullet (maakutu)

Naa te whakahau a Taawhiao i moe ai te maakutu, te mataarerepuku me te matatake, i Hukanui.

mataati
caught first

Koia hoki ko te taamure te mataati a Ruapuutahanga ki waho o Kaarewa.

matakana
1. alert 2. deceive, covert

1. E noho matakana ana te noho a Ngaati Kahupungapunga. 2. Koia hoki te tuuturutanga i ngohe ai ngaa mea nanakia, i rata ai ngaa mea matakana.

mataku || wehi
scared, fearful

Ka whakatuungia koe i mua i te kura kia whakamaa ai koe, i tino mataku au i teeraa mahi.

matangi
breeze, wind

Maa te matangi taatou hei puhipuhi i teenei rangi paihuarere.

matara || tawhiti
distant, distance

Ko te matara o toona kaainga, e toru maaero ki te piriti i Waitete o te rerewee.

matatuhi || matakite
prophet, seer

He mea poropiti e te matatuhi te whaanautanga mai o te miihaia.

mate
1. dead 2. sickness 3. defeated 4. want, desire

1. Koia ko teeraa koorero ki te mate koe, kua whakataa too tinana kua mutu ngoo mahi i te taima i a koe e ora ana. 2. He aha raa te mate i uunahinahi ai ana kiri, e aua. 3. I too raatou toa, i mate taua kapa poitarawhiti o Ahitereiria i a Aotearoa. 4. E mate kai ana koe?

mate taane
infatuation with males

Ka puta te hiahia o Waitawake raaua ko Tuukootuku, raaua tahi i mate taane ki a Tamainupoo.

mate tara-aa-whare
die of natural causes

Kiihai a Te Wherowhero i mate i te pakanga, i mate tara-aa-whare kee.

mate waahine
infatuation with females

Koiraa te tamaiti raka i kore ai e uu ki ana mahi, he mate waahine raa hoki!

mate wahine || mate aa-marama
menstruation

Ka paa mai te mate wahine o te wahine, kaare i tunu kai maana.

mate whakaroto || whakatahe
miscarriage

Teenaa a Tainui, te tamaiti naa Tinirau raaua ko Hina-a-uri, i mate whakaroto i te koopuu o tana whaea.

matekohi
tuberculosis

E paa kau ana te matekohi ki ngaa puukahukahu o te tangata.

matemate
die in numbers

Ka puta te mate i konaa he whuruu, kaatahi ka matemate te tangata.

matenga || matetanga
death

I te matenga ake o too maatou whaea ka noho ko ahau hei whaea moo maatou.

matetanga || matenga
death

I te matetanga o taku paapaa, ka kawea toona mate ki ngaa marae i takahia ai e ia i te waa o te ora.

matika || maranga
get up

1. E tata ana te ope te matika atu ki te kai ka tau te ataata o Hae ki runga i ngaa kai. 2. Matika ki te whakaae mai ki te koorero a te tangata nei. (Naa Te Puea)

matikara || matimati
finger

He itiiti ngaa matikara o te peepee.

matiru || harore
mushroom

Haere ki te kato matiru hei kai maa taatou i te ahiahi.

matua
father, uncle, parent

1. Ka tiakina maatou e too maatou tupuna, e te whaea o too maatou matua. 2. He karanga matua teeraa tangata ki a maatou, ko ia te tungaane o teetehi o oo maatou whaea.

matua aa-whare
meeting house, principal house

I mate ia ki teetahi o ana kaainga i Maapiu, ka mauria mai kia takoto ki te roro o tana matua aa whare, o Te Tokanganui-a-Noho i Te Kuuiti.

mau (-ngia, -ria)
1. be caught 2. to wear 3. hold

1. I a maatou i te kura o te Te Koohanga koia teeraka, ki te mau koe e koorero Maaori ana, ka horoia too waha ki te hopi. 2. Kaare ngaa tamariki e whakaaro ake he aha oo raatou e mau ana, whoi anoo he kaakahu e maungia ana, koia tonu teeraa. 3. E mau tonu ana te ingoa Maaori ki a maatou nee, na koinaa anake raa ngaa koorero moo ngeenaa waiata, e kare.

mauku
dwarf cabbage tree

Ki ngaa mate o ngaa mauku, he mate hoou teenaa.

maumahara (-tia)
remember

He koorero, he tohu whenua ngeeraa hei maumahara atu ki a Ruapuutahanga.

maunu || unu
be taken off (of clothes)

I mua i te tuunga ake o te koroheke ki te taki, kua maunu te koti me te pootae, ahakoa te maaeke me te heke o te ua.

mauroa
a variety of white kuumara that Whakaotirangi brought to Kaawhia

Koiraa ngaa kuumara i eeraa waa i taku moohiotanga, haere mai nei kua maha ngaa kuumara, kua kite i te mauroa, kua kite i teetehi kuumara atu, aa kei a au anoo eenaa kuumara kei raro nei e tupu ana inaaianei.

maurua
seam

Kua ngawhewhe, kua maaunu ngaa maurua.

me || mehe, mehemea, meenaa
if

Moo te tiaki tangata, teenaa mea te taniwha, he tino tiaki i te tangata, me he mahi hee rawa, kaatahi koe ka whara.

me kii
let's say

E noho ana i runga i eenei takiwaa, i te rohe o Raakaunui, me kii, 10 ngaa marae, huri rauna i te rohe o Raakaunui nei.

mea (-ngia, -tia)
1. thing 2. say

1. Aae, i raro nei naa te marae, na e kite atu koe kua mea mai te awa, nee. 2. E mea ake ana au, ko te maunga teenei i pakangangia ai e oo maatou maatua.

meenaa || me, mehe, mehemea
if

He iti te matakahi, ka pakaru te tootara meenaa kaare he puupeka o roto.

mehe || me, meena, mehemea
if

I teeraa waa kua haere koe ki te taone mehe e kimi mahi ana koe.

meinga || koorerotia
be said, spoken

Noo te tau 1939 ka tiimata te huri haere, ka meinga kia tau hei kura maa Tauiwi maa.

meingatia || meatia
be said, spoken

Ka meingatia i roto i teenei Kawenata, kia noho ngaa rangatira, ka whakahuatia i raro nei, hei roopuu kaumaatua, hei pupuru, hei haapai hoki i te mana o te iwi.

memenge
to wither (of plants)

Ka ara te karakia a te tohunga, ka memenge te raakau.

mene || hui, ruumemene
gathered, assembled

E mihi ana ki a raatou kua mene ki te poo.

merengi || mereni
melon

He kaanga, he kamokamo, ngaa momo merengi, he piinati hoki ngaa kai i taa maatou maara.

mereni || merengi
melon

He rarahi, he waiwai hoki ngaa mereni a Nanny Nora i roto i tana rua mereni.

mihana
mission

Ka tono atu, tukuna mai teetehi tangata ki konei ki te mahi mihana i te moana o Aotea.

mihi
Miss, Mrs (title)

Ka paatai mai te tangata, 'he aha too piirangi Mihi Pikia'?

mihi (-a, -ngia)
greet, thank, pay tribute

Kia mihingia ngaa mate kia tangihia, kia poroporoakitia i te waa iti nei.

mihimihi || taki, whaikoorero
greetings, speeches

Me tomo taatou ki roto i te whare kia rere ai ngaa mihimihi o te poo.

Mihingare
1. Anglican Church
2. missionary

1. Kotahi mano ngaa Maaori e tatari ana kia moohio raatou ki ngaa akoranga katoa a te Haahi Mihingare. 2. Noo ngaa tau tiimatanga o te rautau 1800 i tau mai ai ngaa mihingare ki teenei whenua, ki te kauwhau i te rongopai.

miiharo
wonder at, amazing

E tino miiharo ana au ki a koe, ki too kaha ki te patapaatai mai i ngaa aahuatanga i te waa i a au e tamariki ana.

miimiha
fur seal

I kohia e te ruuruhi he roke miimiha maroke i ngaa toka hei hari ake maana ki te Poukai.

miiroi
lash together

Naaku koe i tiki atu i te wao nui a Taane, miiroi e Taane, koakoa e Taane. (K)

mimi
1. urinate 2. urine

1. Waaka ai maatou ki te kura, toona toru maaero pea, kaare he puutu, kia mimi mai te kau, anaa, ka tuu ki te waahi i miiia ai hei whakamahana i oo maatou waewae. Koiraa

ngaa aahuatanga i ngeeraa waa. 2. Ko te mimi te rongoaa hei whakamauru i te motu o te kiri, i te kiritoi raanei o te karu.

mimiti
dried up, diminished

Ko te wai a Rona, he manawa aa-whenua, e kore e mimiti.

minenga
audience, gathering, congregation

Ka tae toona minenga katoa me aa raatou puu, ka whakatakotongia ki mua ki ngaa taangata o te kaawanatanga.

mingimingi || uru maawhatu
curly (of hair)

He mahi pakeke tonu te whakatorokaka i oo makawe mingimingi.

mingomingo
show pain

E mingomingo ana te kanohi o Te Hiakai i te taotanga oona ki te pakanga ki Ookoki.

mira
mill

I noho atu maatou i raro atu i Ngaatira, i te waahi e tuu ana te mira.

miraka kau
milking cows

Ka moe maaua ko taku hoa taane, aa kaare kau tahi he hiko, naa ko taa maaua mahi he miraka kau tahi.

miramira
red hot

E miramira mai ana ngaa haeana kei runga i te ahi o te kaauta, hei taunga moo ngaa koohua rarahi.

mirimiri
rub, massage

Me he mamae ngoo uaua, me mirimiri kia maamaa ake te mamae.

miro
1. strand 2. native brown pine tree

1. Kotahi te koohao o te ngira e kuhuna ai te miro maa, te miro pango me te miro whero. (Naa Pootatau) 2. I kohi maatou i ngaa kai ki roto i te puihi, ngaa miro, ngaa kaanga, ngaa piititi, ngaa rau.

mirumiru
bubbles

Kei te awa o Marokopa i ngeetehi tai ka kitea ngaa mirumiru o te awa e puea mai ana.

moe (-a, -ngia) || 1. maarena
1. marry 2. sleep

1. Ka moe a Ue i te uri o Rakataura, i a Kahupeka, ka puta i a raaua a Rakamaomao. 2. Ko Te Iti o Hauaa te waahi i moe raa te tini ope e hipa haere ana i teeraa marae.

moe piititi
sexual liaisons between close relatives

He moe piititi kee kei roto i te whakapapa o te tangata raa.

moe puku || moe huna
secret liaisons

Ka moea pukutia a Pera e Te Toopuu.

moe taane
marry a male

Ka moe taane ahau, haaunga e moohio ana maaua ki a maaua.

moehewa
sleep talk

I rongonui a Te Ikataamure moo tana moehewa, naawai ka hauata te hoariri.

moemoeaa
dream

I puta ki te moemoeaa o Whakaotirangi te 'o wii me te o waa' hei tohu i te waahi e uu ai te waka o Tainui ki uta.

moenga
1. closing (of eyes) 2. marriage 3. bed

1. I te moenga o ngaa kanohi o taku whaea ka tono ia me whakahoki ia ki Waiheke. 2. Noo te moenga o Kaakati raaua ko Ururangi, noo ngaa iwi o runga i a Kurahaupoo, ka hono i a raaua ngaa taatai o Hoturoa o runga i a Tainui me Taumauri o runga i a Kurahaupoo. 3. E moe i te urunga tee taka, i te moenga tee whakaarahia.

moenga taanetanga
marriage to a man

I noho au ki aku tuupuna, tae noa ki taku moenga taanetanga, ka wehe mai au i a raaua.

mokemoke
lonely, isolated

I te matenga o Hape-ki-tua-rangi, ka noho mokemoke a Ngaati Raukawa.

mokopuna || uri whakaheke
grandchild

He nui noo te aroha o te motu ki a ia, ka kiiia a Te Arikinui Te Atairangikaahu ko te mokopuna a te motu.

mokopuna tuarua
great-grandchild

Kua kaumaatua katoa raatou, he maha ngaa mokopuna engari ko ngaa mokopuna tuarua inaaianei, tuatoru eetehi.

mokopuna tuatoru
great-great-grandchild

Kotahi taku mokopuna tuatoru inaaianei. Kua tino tupu te paa harakeke.

mokotaataa
poetic reference to a gecko

E mokotiitii, e mokotaataa,
haere ki te wai nui,
ki te wai roa (W).

mokotiitii
poetic reference to a gecko

E mokotiitii, e mokotaataa,
haere ki te wai nui,
ki te wai roa (W).

momo || tuu, aahua
type of

I kii katoa ngaa rua o Rangiaowhia i te kai, i ngaa momo huawhenua me ngaa momo huaraakau.

moohio paitia
well known

E moohio paitia ana a Tuurangawaewae e te ao Maaori whaanui.

moohiotanga
knowledge

Me haere atu au ki te koorero ki a raatou i ooku moohiotanga ki eenei mahi.

mookai || 1. ponononga
1. servant, slave 2. pet

1. He mea hokohoko ngaa moko mookai ki taawaahi i ngaa waa o mua. Engari, kua tiimata te whakahoki haere mai ki te kaainga.
2. He mookai hoki taaku, ko Ngoto tana ingoa, araa, ko taa maatou poaka.

mookehu
white clay

He uku maa te mookehu ka kitea i ngaa paripari o Wharepuuhunga.

mookuku
integrity

Kei whea te mookuku o too kupu?

moorehu
survivor, remnant

Ko maatou ngaa moorehu o te paahuatanga o Rangiaowhia.

moorere
to swing

Ka huraki i te keeti naa ka moorere i runga i te keeti, e haere mai ana ngaa iwi e poroporoaki haere mai ana.

mooropaaki
smallpox

I tino matemate ngaa taangata o te ao i te mooropaaki.

mooteatea || waiata koroua
traditional song of lament

Ko teeraa ruuruhi he maatau ki ngaa waiata, ngaa waiata tangi, ngaa mooteatea.

mootoi
earring

He mea waiho iho te mootoi e mau nei a Hine-i-pakia e tana tupuna ki a ia.

moremore
freshwater whitebait

I puta te taake a Te Puea moo te hao matamata, moo te hao moremore.

morimori (-a, -ngia)
dandle (a baby)

Hikihiki ana, morimori ana te kuia i te peepee kia tau ai te hawihawi.

moroiti || paku, iti
small

He moroiti rawa te taahuhu o too whare, e Tuu', kaare a Ruapuutahanga me tana iwi e oo ki roto.

moroitiiti || pakupaku, itiiti
small

I a au e moroitiiti ana, ka haere mai a Korokii me ana kaumaatua ki te whare o Te Werawera maa, kai ai.

motu
1. country, nation, island 2. cut

1. Ko Te Arikinui Te Atairangikaahu te kuiini Maaori tuatahi o te motu. 2. Ki te motu too kiri, taakaingia ki te maawhaiwhai hei kati i te rere o te toto.

moumou
wasted

Nui tonu ngaa iwi i moumou mai i te whuruu i te 1918-1919.

muia
1. swarmed upon 2. full, well attended

1. Ka kitea ngaa tuupaapaku, e muia ana, e kaingia ana e te paapaka. 2. E muia ana ngaa kanikani e teenei mea, e te tangata.

muka
fibre (of flax)

Ka whakaritea ngaa muka 'tahi ka whatungia hei kete.

muku (-a, -ngia)
rub, wipe

Mukua te papamaa kia tuhia anoo ai he koorero ki runga.

mura
glowing, ablaze

Ko te ringaringa i totohu
ki te waahanga e haupuu
raa, moo te taha ki a raatou
i pahuu tonu atu ngaa
paura, mura tonu atu.

mutu

come to an end

Kua mutu too kai?

mutunga || mututanga

end, conclusion

I haere katoa maatou ki
te hararei, i te mutunga
o te hararei, i purutia
atu maatou ki reira.

N

naka || naa
a particle indicating location is close to listener

Koinaa anahe taaku e moohio ana, i karangatia ai ko taawaahi naka ko Raukuumara.

nakawhiti
full of energy

He nakawhiti teeraa tangata ki te haere ki ngaa hui.

nama
expense

Maa te whakaaro o teenaa, o teenaa e ea ai ngaa nama o te hui.

nanakia || taunga, pai ki te mahi
skilled

He aahua nanakia tonu moo te mahi i ngaa mahi kaamura nei.

nanati (-a, naatia)
throttle

Me nanati i te kakii o aa koutou waea puukoro i te waa o te poowhiri.

natinati (-a, -ngia) || neti, netineti
knit

He natinati pootae, he natinati kaameta, he natinati karapu hoki te mahi a ngaa waahine.

nawe || riwha, tiwha
scar

Naa te maikuku rapirapi o Apakura i nawe ai te kanohi o Tuuwhakararo.

nawhe
enough

Kaaore i nawhe ngaa moni i konei.

nee
you know, okay, eh

Koia teenei taaku e mea atu nei ki a koe, nee, me whakaako aa taatou tamariki ki ngaa koorero o mua.

nehe || neheraa
yesteryear

He koorero tapu eenei noo onamata, noo ngaa raa o nehe.

nehenehe || ngahere, wao
forest, bush

Te taenga atu ki uta ka huna i a ia ki roto i teetehi nehenehe i te tahatika o teetehi awa ki te take o te whanake.

Nehenehenui, Te
a term for the large forested areas of the King Country

1. Kia mau ki Te Nehenehenui! He poopokotea, he waikoowharawhara. (Naa Te Wherowhero) 2. Ko Te Nehenehenui ngaa whenua ngaaherehere o Te Rohe Pootae.

nei naa
particles indicating location is close to speaker

Ka hoki atu ki Aotea kaatahi ka hangaa te whare nei naa, ka karanga nei ko te whare nei ko Te Wharenui.

neinei
bob up and down

Ka neinei ngaa nono o ngaa taane e eke hooiho ana i Te Tahaaroa.

neke
move

Ka neke raatou ki te marae i raro nei inaaianei ko Te Maania, e kiiia nei ko Raakaunui.

nekenekehanga
place of settlement

Takahia raa te papa nekenekehanga o ngaa maatua tuupuna.

neki || nei
a particle indicating location is close to speaker

Koiraa ngaa oranga i ngeeraa waa, ka haere ki te puhipuhi manu ki ngaa puu neki.

nenei || neinei
restless (of sitting)

Nenei ana te noho a te puukoorero i tana hiikaka ki te tuu.

neti
1. knit 2. net

1. Naa, ka noho ki te whakaako i a au ki te neti. 2. Ka puta mai, ka mau mai i te neti hei hao i ngaa ika.

netineti || nati, natinati
knit

Ka hokongia mai he wuuru i Aakarana, i whea raa, ka whakahokia mai hei netineti maaku.

ngaa || aa
1. possessive particle (plural)
2. satisfied
3. breathe

1. Noo muri iho ka puta mai ngaa maaua tamariki ki te aawhina. 2. Kua ngaa i muri i te kihakiha. 3. I te pikitanga i Haakarimata ka tuu moo 'tahi waa ki te ngaa, e hoki mai ai te kaha ki ngaa puukahukahu.

ngaaeheehe
rustling (of leaves)

> Hau miringia ana ngaa rau o te rau raakau, he ngaaeheehe hoki.

ngaaherehere || ngahere, wao
forest

> Ka haere maatou ki raro mai i te take o Tuuhua ka noho maatou i roto i te ngaaherehere.

ngaakau || manawa
heart

> Ko te poouri teenaa i roto i tana ngaakau, ko te haerenga teenaa ki Heretaunga, ka tuutaki ai ki a Mahinaarangi.

ngaakau kaitoa
resentful, vengeful

> E kore te ngaakau kaitoa e mamahu.

ngaakaunui
interested, enjoy

> ko Hiirone Wiikiriwhi toona ingoa, he tangata pai, he tangata moohio, he ngaakaunui ki te tangata.

ngaaku || aaku
my (plural objects)

> Ko ngaaku ake eenei, kei whea hoki ngaau?

ngaana || aana
her, his (plural objects)

> E rua tahi ngaana waahine, ko Apakura, na, ko Ruapuutahanga, na, i kiiia raa te koorero i haere atu a Whatihua ki te hii tuna maa Ruapuutahanga.

ngaangaa || ngeengere
breathe heavily, wheeze

> I te toimaha o te haaura, e takoto ngaangaa mai ana i te hoohipera.

ngaangara || ngaarara
1. creepy-crawly 2. insect, reptile 3. foreign object

> 1. Ka rongo ake koe i te Paakehaa e mea ana he ngaangara teenei mea te taniwha. 2. Muia ana ngaa tuupaapaku e te ngaro, e te ngaangara e takoto kau ana i te whenua. 3. Kua uru mai teetehi ngaangara, teetehi whakaaro rerekee ki roto i aa taatou whakahaere.

ngaaoko
itchy

> Ki te ngaaoko too kakati, kaua e rapirapi, me mirimiri kee.

ngaarahu
embers

> I te waa e tuu tonu ana ngaa whare ponga, he mea hari mai ngaa ngaarahu ki te rua i te papa o te whare moe hei whakamahana i te whaanau i te poo.

ngaarara || ngaangara
1. creepy-crawly 2. insect, reptile

Kua tinga te ngaarara, araa, kua ngata te hiakai.

ngaau || aau, oo
your (one person, plural objects)

Ka hari harakeke koe hei here i ngaau mokopuna kia kore ai e omaoma haere.

ngahere || wao, ngaaherehere
forest

Ka haere ngaa mea taane ki te tiki para i te ngahere.

ngahoro || taataka, makere
drop off, fall away, crumble

He ruukahu katoa ngaa kupu i ngahoro mai i toona waha.

ngahorotanga || horonga
landslide, slip

Kei Te Puru tonu te waahi i kitea ai te ngahorotanga iho o te whenua me ngaa koohatu nunui hoki.

ngaingai
midden

He ngaingai maakoi e kitea ana i te takutai i Te Maika.

ngaki
1. cultivate 2. to weed

1. He iwi kaha a Ngaati Apakura ki te ngaki kai, ki te whakatupu kai i Rangiaowhia. 2. I te kohaetanga o te ata ka heke a Whakaotirangi ki te ngaki i tana maara.

ngakinga || maara kai
cultivation

Ko te tupu o te tii, o te kuumara ki te ngakinga o Whakaotirangi.

ngakongako
crumble, smash

Ki te roa rawa te paaeratia o te kaanga, ka ngakongako.

ngaku || aku
my (plural objects)

Ka tono atu ia ki ngeetehi o ngaku kaihana kia haere atu.

nganga || uawhatu
hailstones

He rerekee te kite i te nganga e kaha heke ana i te raumati.

ngangaa
loud cry of a child

Kaare i hokona he rare maa te koohungahunga, naawai aa ka taka ki te papa, ka ngangaa.

ngangare
bicker, argue

E ngangare ana a Tuu raaua ko Taawhiri, aa tae noa mai ki teenei waa.

ngangau || tautohetohe
quarrel

Maa te toopuu o te iwi,
ka mutu te ngangau
me te taututetute.

ngaoki || ngooki
crawl

Kua ngaoki te peepee
i teetehi taha o te
whare ki teetehi.

ngapu || ruu
undulate

Ka ngapu te whenua ka
haere ngaa taangata ki whea?

ngare (-a)
argue

Ka ngarea ngaa take i te hui
o te marae kia tau raa anoo.

ngarengare || tonotono
gofer

Ko ngaa taiohi neki hei
ngarengare maa taatou
i taa taatou hui.

ngaro || rango
fly

Ka muia te tuna e te ngaro
ana whakanoia ki waho.

ngaronga || ngaromanga
disappearance

Ka rapuhia e maatou,
pau ana te haaora, te
ngaronga atu ki roto i
te wai, tee kitea atu.

ngarongaro
disappeared, diminished

Kua ngarongaro pea
te nuinga o ngaa pao a
taku whaea inaaianei.

ngarue || ngaaueue
shake, move to and fro

Ka amo ake te toki a
Tuurongo ki te turaki
i te whare i hangaia raa
moo Ruapuutahanga, i
Te Whare o Ngarue.

ngata || ngaa, ea
settled feelings, satisfied

Kua ngata pea tana
hiahia ki te kina.

ngatire || matire
a baited hook for hooking eels and kookopu

Tongitongi ana te
kookopu i te moounu
i te ngatire a Pita.

ngau poaka || whakangau poaka
pig hunting

Haere ki te ngahere
ki te ngau poaka.

ngau tuaraa
backbite

Kaare i rerekee atu, ko
raatou anoo, ko maatou
anoo, he ngau tuaraa
teenaa ki teenaa.

ngaua || aua
those (mentioned previously)

Ka tuu ngaua waahine raa ki te pao i muri i te haakari hei whakamihi i ngaa ringawera.

ngawhewhe
worn out, torn

Kua ngawhewhe te tarau o te tama i te kaha o tana retireti i te hiwi.

ngawii
whining, yelp (of dog)

Haamama ana te waha o Paapaa kia mutu ai te ngawii a aana kurii.

nge || rawa
a particle used to intensify, sometimes included as part of a word

1. Kei konei pea nge te whaanau. 2. E hoki nei o(nge)oku mahara. 3. He uri a(nge)hau naa te tupuna raa. 4. Kei whea nge taau?

ngeenaa || eenaa
those (by listener)

E mau tonu ana te ingoa Maaori ki a maatou nee, na koinaa anake raa ngaa koorero moo ngeenaa waiata, e kare.

ngeenei || eenei
these (by speaker)

Wheoi anoo, ka mihi atu ki a koe e whai mai nei i ngeenei koorero korekore mehemea he painga kei roto moo ngaa taatou tamariki e whakatupuria ake nei.

ngeeraa || eeraa
those (yonder)

Kua kore haere ngeeraa mea naa, inaaianei, aa, kua haere kee ki ngaa toa, ki te tiki atu. 2. Koiraa te kaainga, me kii au, te marae i ngeeraa waa.

ngeeraka || eeraa
those (yonder)

Ko tana koorero, kaaore te tangata e whakaaetia ki ngeeraka waahi ki te kore raatou e moohio ki a koe.

ngehe || ruuhaa
weak (of body), spent

1. Kua haere, kua ngoikore, nee? Kua ngehe. Ehara i te mea naa te aha. Naa te kore tangata. 2. Naa ko Meremere teenei, ko te ariki o te ngehe, aa, ko Matariki.

ngehengehe
wheezy laugh

Ngehengehe ana te kata a te kuia, waimarie anoo kaaore i wharo.

ngeru
silky smooth

Ko te ingoa o te taniwha, ko Ngeru, i wheeraa pea naa tana aahua ngeru.

ngeto || weto
be extinguished, turned off

Tukua ngaa rama o te whare kia ngeto, ka poouri ana, ka moe.

ngiha || kaa
to burn (of fire)

Ka whai kee taku matua i ngaa raiti e ngiha mai ana, ko ngaa raiti o Kaawhia.

ngiho || whakaaro
contemplate

Ka noho atu te ruuruhi ki te marae e ngiho ana ka peewhea tana whaanau.

ngiingii
droopy (of plants, flowers)

Ka wera ngaa rangi, ka ngiingii ngaa putiputi i te raa.

ngingiha || tutungi
burn

Ka ngingiha ake te ahi o te riri.

ngohengohe
soft

Koohuangia kia maa, kia ngohengohe.

ngohi || taua
small troop

Ahakoa he iti taku ngohi, he rei kei roto.

ngoikore
weak

Ki te kore e tika te raranga i ngaa aukaha o te waka, ka taawekoweko, ka ngoikore.

ngongingongi
oscillating

E ngongingongi ana te kanohi o Pakaue ki te kimi i tana tamaiti, i a Te Wehi.

ngoo || oo, ngaau, ngoou, aau, oou
1. a possessive particle
2. your (one person, plural objects)

1. E angiangi haere ana ngaa pae o ngoo taatou marae kaainga. 2. E whia tahi ngoo tau?

ngooku || ooku
my (plural objects)

Koiraa ngooku moohiotanga ki ngaaku nei tamariki.

ngoona || oona
his/her (plural objects)

I noho tahi raa ia i ngana mookai, i tooku nei moohio, ko Whaaingaroa, Te Aakau, ngoona nohonga whakatupu kai.

ngurunguru
low wailing

Kia tata raa anoo te whaanau pani ki te tuupaapaku, ka rongo i te pae mate e ngurunguru ana.

niao
gunwale, upper edge of side (of canoe)

Ana pau too hau i te hoe, me tau too hoe ki te niao o te waka, ka whakataa.

niho haawareware || niho horihori, niho keehua
false teeth

Ka kata ngaa tamariki i te takahanga o ngaa niho haawareware o te koroheke.

niho horihori || niho keehua, niho haawareware
false teeth

He nui tonu te utu o te niho horihori.

niho keehua || niho haawareware, niho horihori
false teeth

Kaaore anoo au kia taunga ki aku niho keehua, kia rerekee mai hoki.

niho more
toothless

Hei whakaparurerure maa te niho more, ngau noa, ngau noa, tee pahure! (Pao)

niho ngore
wisdom teeth

Ka mutu te mamae i te unuhanga o te niho ngore.

niikau
native palm tree

Naa, ko ngaa niikau, koia teenei te kai nui tonu a te iwi.

niwha || hiwha
be resolute

Kia niwha te ngaakau ki ngaa mahi atawhai i te iwi. (Naa Taawhiao)

noho (-ia, -hia, -ngia, noohia)
1. live, reside 2. sit

1. Ko whea ngaa waahi noho i nohongia ai e raatou? 2. E noho Tuheitia, te hiiri o Waikato. (W)

noho tahi
live, dwell together

I haramai hoki ki te koorero i ngaa aahuatanga i te taima i a raatou e noho tahi ana i taawaahi atu o te moana nei.

nohoanga || nohonga
dwelling place

Ka haere a Hoturoa ki te tohutohu haere i ngaa waahi hei mahinga, hei nohoanga hoki moo tana iwi.

nohonga || nohoanga
dwelling place

Me torotoro taatou ki ngaa waahi tapu, araa, ki ngaa nohonga tawhito o ngaa tuupuna.

nohonoho
living in numbers

I teenei taha o te awa, te maha o ngaa taangata e nohonoho ana i mua raa anoo.

nohonohonga || nohonohoanga
place to sit frequently

Ka makaia ki raro he papa raakau hei nohonohonga i te taha i te ahi.

noi || iri
suspended, hanging

E noi ana te kara o te Kiingi, a Manawa, ki te pou kara o te marae.

nokinoki || nohinohi
small

Ko taku wati nokinoki he mea hoko e taku matua i Aakarana.

nono || tou
bum

Ei, he nono nui teenei? Ka kata ia.

nooku || i ahau, i a au
while, when I was (doing an action; in a place)

Nooku ka pakeke haere nee, ka koorerohia mai i ahu mai i whea teeraa ingoa.

nuku (-hia, -ngia) || neke
move

I nuku mai maaua i koraa raka ki konei.

nunui || rarahi
large

I ia tau ka tau mai ngaa rangatira nunui o ngaa motu ki runga o Tuurangawaewae.

O

ohonga
awakening

Naa, te ohonga ake o taku whaea, ka haere ki te awa.

ohorere
surprised

I ohorere mai i roto i a au i taku rongonga i te hahani mai a taua wahine.

okioki || whakataa
rest

Okioki ake raa, e kui maa, e koro maa, i te rua kooiwi o ngaa tuupuna.

oko
bowl, open container

1. E tahu wai ana ki roto i ngaa oko. 2. Ko Keemureti tooku oko horoi. (Naa Taawhiao)

one || oneone
1. soil 2. sand

1. I tupu te kuumara i raro i te one. 2. Koinaa ngaa one o haakere.

oneone || one
dirt, soil, sand

Takahia atu raa ngaa oneone tapu i takahia ai e oo tuupuna, e oo maatua.

onepuu || kirikiri
sand

I te waa i a au e tamariki ana, he onepuu katoa te waahi nei.

ongeonge
long for, pine for

E ongeonge ana au ki taku kurii me taku ngeru.

oo || ngoo
1. possessive particle 2. your (one person, plural objects)

1. Koiraa ngaa aahuatanga o raatou, o oo maatou maatua tuupuna. 2. Haria atu oo pakikau paruparu naka ki te ruuma horoi.

oohaakii (-ngia, -tia)
dying speech

Ka tae ai ki te kotahi rau, te oohaakii a Taawhiao, i oohaakingia ki ngaa marae katoa.

ooku || ngooku
my (plural objects)

I whaanau mai ooku tuupuna ki Moorehurehu.

oona || ngoona
his/her (plural objects)

Ko aa raaua tamariki
atawhai ko maatou, kaare
kau ana hoki oona uri.

opa
drive out, reject

Opa ana koa nge 'hau
ko te wahine naana i hari
mai te toki pounamu.

ope || tira
travelling party, troop

Ka tatari mai i reira ngaa
kaumaatua, aa hii ake
i te ata, ka whakareri
te ope o Te Kooti.

oranga-ngaakau || tau, koakoa
happiness

He oranga-ngaakau
teenei nooku nei.

oroororua || ororua
spiritual sound, voice

Kiikiitara katoa ana au i taku
rongonga i te oroororua e
kawea mai ana e te hau.

oruoru
second-hand clothing

Ka haria mai e Nana teetehi
peeke i te toa hokohoko
e kii ana i te oruoru.

oti || tutuki, riwha
completed, fulfilled, achieved

Kaare anoo i oti noa te
hanganga o te whare,
ka hinga te koroua.

P

paa (-kia, -ngia, -tia)
1. village, settlement
2. affect, touch

1. Ee whia ngaa rau taangata i hinga i teeraa paa, aai, i te 400 e noho ana i reira i te mutunga mai, heke ana ki te 51. 2. Ka noho i too maatou tupuna ka paangia e te mate, 14 pea ngaku tau, 13 raanei, heoi anoo ko te hiahia o taku maahita he tuku i a au ki te kura toi.

paaera || koohua
to boil

Koowhakina ai te rito o te tii whanake, ka paaera tahi me te miiti ngako hei kai.

paahau
beard

Ko wai raa? Ko Tuupaahau i te kaha o te tupu o tana paahau.

paahi || hipa
1. boss 2. go past, pass

1. Kua whakaae mai taku paahi kia waatea au aapoopoo. 2. Ko teetehi tikanga o mua, kauaka hei paahi i te marae mehe e takoto ana teetehi tuupaapaku ki reira.

paahiihii
flow in driblets

Paahiihii ana te rere o te wai.

paahoahoa
giddiness, headache, stupor

Kaaore hoki raa taku huhi, taku paahoahoa noa i ahau.

paakaakaa
reddish brown (hair)

Noo te hokinga mai i te kaikuti makawe, kua paakaakaa katoa te panepane.

paakarukaru
1. ragged clothes 2. broken into pieces

Kia paakarukaru hoki ngaa pakikau o te tangata raa.

paakau || parirau
wing

Whakamaua oo paakau nunui, oo paakau roroa, e rere ki waho o te Wao-nui-a-Taane.

paaketu
a light garden implement used as a scuffle hoe

Ina keria ana te oneone, ka tiikina ko te paaketu hei taonga waahi whenua.

paakiki
1. inquisitive 2. degrade

1. He ihu paakiki too te kootiro raa, kia nui mai ana paatai. 2. Kaua koe e haere ki te koorero toorangapuu i oo marae he mea whakapaakiki i oo kaumaatua.

paakira
bald

Whakarongo ki ngaa koorero a te pane paakira raka.

paakuu || paareti
porridge

He paakuu taa maatou parakuihi i ngaa ata. He rerekee hoki i te rerepi.

paakuuwhaa || 1. maarena
1. marriage 2. related through marriage

Ka taumautia a Taawhaki raaua ko Hinepipiri, ka paakuuwhaa kia uu ai te moe.

paamere || whaanau
family

Ka hoki mai teenaa paamere ki te noho ki runga i teenei kaainga.

paamu
farm

Naa Te Puea i tautoko te kaupapa whakatuu paamu a Apirana.

paaneke
cup (pannikin)

Kua mutu too kapu tii? Ka haere au ki te horoi i too paaneke.

paanga || whanaungatanga
relationship

He maha tonu ooku nei paanga ki teenei marae.

paapaa (-ngia)
1. affect 2. layered, pushed on to

1. Kore rawa i taea, ko te take kua paapaangia too maatua tupuna e te mate, ka noho ko ahau ki te tiaki i a maatou.
2. Ka keria he waahi nee i te taha o te awa, naa, ka paapaangia ki te maanuka, katoa o roto, o raro.

paapaaringa || tahataha
cheeks, sides

Kei ngaa paapaaringa o te motu ko te Tai Raawhiti me te Tai Hau-aa-uru.

paapaati (-ngia)
1. patch 2. to patch up

1. He nui ngaa paati i tuia ki taku tarau. 2. He kaakahu kori oo maatou i te kaainga, nee. Ka whakaaro maatou, he tino pai, e paapaatingia ana ki ngaa mea karakara.

paapaka
crab

Ka kitea ngaa tuupaapaku e muia ana, e kaingia ana e te paapaka.

paaraharaha (-ngia) || waewae paatiki
flat

Maa te pokepoke i te paraoa e paaraharaha ai.

paarera
grey duck

Ko te paarera teeraa a Parewhaita.

paarerarera || tameraiona
dandelion

Ko aa maaua kai ko taku hoa, he paarerarera. Ka katohia hei kiinaki i aa maaua miiti.

paariki || paatiki
paddock

Ko ngaa hooiho pai noa iho te mau i roto i te paariki.

paati (-ngia)
1. patch 2. to patch up

Heoi anoo, ko ngaa kaakahu i tuituingia atu he paati e too maatou tupuna.

paatiki
1. flounder 2. paddock

1. Ka puta mai teeraa ika, te paatiki ki ngaa paru i te moana o Aotea. 2. Kei te paatiki i ngaa hiwihiwi ngaa kau e kai ana.

paatito
cradle cap (baby)

Ki te paa te paatito, ka kore e tupu he huruhuru i too maahunga.

paatuu
lean up against

Ka aroha koe e Tene, kua paatuu noa koe i te pakitara i te roa o taau nei tatari ki too hoa.

paawhara (-ngia)
1. process of drying food 2. to split open (fish)

1. Kua whakanoi haeretia ngaa tuna kia paawhara ai. 2. Paawharatia ngaa taatou tuna kia tere ai te maroke.

pae (-a)
reach shore

1. He taniwha kei reira, na ko Raakei, engari kaare anoo i pae noa te tai nee, kua hoki whakararo kee te tai. 2. Ka paea ki te one ki Waihii. (WT)

paemanu
seat on canoe where paddlers sit

E noho ana ngaa kaihoe i ngaa paemanu o te waka.

paepae
oratory seat

I ngaa Poukai, ka haere mai ngaa huaanga o teeraa taha o te maunga ki te noho i te paepae.

paeroa
1. south-east 2. mountain ridge

1. E hau mai nei te matangi i whea? E hau mai nei i paeroa. 2. Tirohia te paeroa o Haakarimata, kua tau te kohu ki runga.

paheke
slip, fall

Ko te take i kiiia ai teeraa ingoa, i paheke tonu iho teetehi taha o te maunga ki roto i te awa nei, ki Waipaa.

pahore
grazed, chafed, scraped off (skin)

Kua pahore te tuaraa o te tangata piikau i ngaa wahie.

pahupahu
1. chatter 2. brag 3. yap (of dog)

I rongo au i ngaa ruuruhi i te kaauta e pahupahu ana.

pahure || pahemo
past

I oti te taa i te tau tahi mano, e iwa rau, aa kua oti noa atu te taa o te pukapuka nei, 94 ngaa tau kua pahure inaaianei.

pahuu
blow up, explode

Moo te taha ki a raatou, i pahuu tonu atu ngaa paura, mura tonu atu.

paihere (-ngia, -tia) || here
bind together

1. E rua koorua, e pao haere ana i ngaa mangoo, naa e rua kei muri, hei paihere. 2. Paiheretia maatou ki te rongopai.

pakanga (-ngia)
battle, fight

I haere mai a Te Kooti ki te kimi aawhina moona, i a Waikato, i a Maniapoto, hei hoa moona ki te pakanga ki te Paakehaa.

pakapaka
1. crispy, burnt 2. crackling (pork)

Tunutunua te miiti poaka kia pakapaka raa anoo te peha.

pakari || kaha
strong

Kua pakari raa te reo o aku tamariki inaaianei.

pakaru
1. break through 2. be broken

1. Ka wharo mai, aa ka pakaru mai te wai, ka pakaru mai te toto i te ihu, aa ka

pai ake. 2. Pakaru ana te tero o te tiikaokao. (W)

pakarutanga
breaking through

Noo te pakarutanga o te wai i te paapuni, ka tere piki te awa.

pakeke || 1. uaua
1. difficult 2. old 3. age

1. He pakeke rawa teeraa take, e kore e wawe te putanga o te whakatau. 2. Kua pakeke haere taku tamaiti kaumaatua. 3. E whia tahi too pakeke i te waa i nuku ai koutou ki Kirikiriroa?

pakeketanga || kaumaatuatanga
age

Taku pakeketanga ake, ka whakaaehia mai au kia haere ki te whai i a ia.

pakekoki || tuupuhi, whiirokiroki, pakikoke
skinny, scrawny

Auee, ngaa waewae pakekoki hoki o Ruuruhi!

pakewhaa
green leaves of raureekau (a small native shrub) used to wrap eels

Ka kaawhaki i te tuatahi ngaa pakewhaa o te kaapeti.

pakiki || hamuhamu
beg

Ai aue, ko teeraa tangata he piinono moni, he pakiki hikareti.

pakikoke || whiiroki, pakekoki
skinny, scrawny

I mua, he tangata moomona teeraa tangata, wii, kua pakikoke inaaianei.

pakoko
image, statue, effigy

Kei Ngaaruawaahia te pakoko o Taawhiao.

pakoo
thud, bang

Ka pakoo ngaa maahunga i te takanga iho ki runga i ngaa koowhatu.

pakoro
barren

Me e pakoro ana te wahine, ka kiiia iho he whaanau mate.

paku || iti, moroiti
small

Paku noa nei te hanga o teeraa ruuruhi, iti te tinana, kei roto raa raa te whakaahua.

pakupaku || moroiti, itiiti
small

I wheenei te koorero a Whatihua, he whare

pakupaku raa, he moroitiiti tana whare, nee?

pakuuranga
explosion

Tokowhia nei ngaa taangata i mate i te pakuuranga?

pana (-ia, -ngia)
1. push 2. expel

Ka pana atu i too maaua waka ki roto i te awa itiiti nei, ka pana haere aa, ka tae ki te waahi hei whakatuu i te kupenga.

pane || upoko, maahunga
head

Ko tana takoto, ko te pane e takoto tika ana ki te taha ki Pooneke, ko ngaa waewae ki te taha ki Taamaki.

pane ika || maahunga ika
fish heads

Me tika te horoi i te pane ika. Me tango mai ngaa hawa, ki te kore, ka uru teeraa taawara ki roto i te wai.

pane muka || urukehu
blonde (female), blond (male)

Ko ngaa maahunga o te tuurehu, ko ngeetehi he urukehu, ko ngeetehi he pane muka.

panepane || 1. taki 2. maahunga, pane, upoko
1. lead the verse of a haka or waiata 2. head

1. I muri mai i a Upokoiti ka riro naa Pipito i panepane te whiti tuatoru o te haka. Ka mea hoki a Pipito moo muri iho i tana panepane kia whakahua ia i te 'Huakina!', ka tiimata ai te patu.
2. E kite atu ana koe i ngaa panepane o te whenua.

panga (a, -ngia) || maka
1. put 2. bounce, pat (ball)

1. Ka panga katoa au i aku rauemi ki roto i te kete hei whakamahi maau. 2. E panga ana a Tio i te pahiketepooro.

pangapanga
to pat, bounce (ball) repeatedly

E pangapanga ana ngaa tama i te pooro ki te pakitara.

pango (-hia)
blacken (with shoe polish or mud)

I haere ki te hoko parakena e pangohia ai ngaa huu o Korokii.

pani (-a)
1. spread, smear 2. bereaved

Kua mate i a au te kau moomona o te tau, ko ngaa toto kua pania ake ki te rae o Pariniinihi.

panipani
cream, ointment

Ko te panipani kawakawa te rongoaa pai moo ngaa hakihaki me ngaa raupaa.

pao (-a, -ngia) || patu
1. hit, strike 2. ditty 3. sing a ditty

1. Ka whati te tai, ka pao te toorea. 2. Ka pao mai i tana pao, ko te pao teenaa a taku whaea. 3. Paongia atu ngaa iwi nei kia moohio ai kua maoa ngaa kai.

paoa || auahi, pawa
smoke

Ko te kite i te paoa te tohu o te nohoia o te papa kaainga.

paoro || rongonui
resound, echo

Tuuturu hoki, ko tana waiata i paoro katoa ki te motu.

papa
1. floor 2. buttocks

1. Whaarikihia ngaa pare kawakawa ki runga i te papa, kia mihia, kia tangihia, kia poroporoakingia. 2. Ka wiri oona papa i te mataku.

papa kaainga
homestead

Ko te papa kaainga tawhito, kei te tuawhenua kee.

papahoro
fall down

Pupuhi mai ana te hau aawhaa, teenaa ka papahoro too whare.

papepape
be wrong

E papepape ana a Mea.

para
1. king fern 2. pith of mamaku (fern), gel 3. semen 4. slime (of eel) 5. rubbish

1. Ko te para teetehi o ngaa tohu i te Paki o Matariki. 2. Ka pania te para mamaku ki ngaa waahi o te tinana i wera. 3. Ko te ure parawera te puutake o te ingoa o te marae o Parawera. 4. Me horoi atu ngaa para o te tuna i mua i te paawharatanga. 5. Whiua atu oo raapihi ki te ipu para.

paraaoa || rohi
bread

Ko ngaa kai i teeraa waa, he kaanga pirau, he kootero, me kii ko te rohi ko te paraaoa, ko te rohi reewana ko te takakau.

paraheahea
slothful

Paraheahea ana te tamaiti raa, kaare e paku aawhina ana i tana tuahine.

paraikete
blanket

Mauria ai e ngaa ruuruhi o Tuurangawaewae oo raatou paraikete Kotimana ki ngaa hui.

parakimete
blacksmith

Ko ngaa toakipa, ko ngaa puutumeka, ko ngaa parakimete ngaa poupou o tooku whare.

paramu
plum

I whakatupungia te piki, te waaina, te aaporo, te piititi, te pea, te paramu me te reemana i too maatou marae.

parani
verandah

Kei waho raatou, kei te parani e noho mai ana.

paraparau || tito
tell lie

He pai noa atu te tika me te pono i te horihori me te paraparau.

pararee || haamama, tiiwaha, pararaa
shout, yell

Pararee mai ana a Taowhakairo ki a Korokii, mai i taawaahi o te awa ki teeneki taha.

paratihi || takakau
flatbread

Tunu paratihi ai too maatou koroua i ngaa ata o te Raatapu i tana hoopane.

parau
1. a plough 2. to plough

Ko taa te hooiho, he tootoo i te parau ki te parau i te whenua.

parehe
flat

Kua kawa katoa te reewana, naa he paraoa parehe te kai.

parekura
disaster, slaughter

He oranga mai hoki taatou i te parekura i Manawatokituu. (WT)

pari kaarangaranga
echoing cliffs

Kia pao noa taku reo ki ngaa pari kaarangaranga, ka paoro kau i te takiwaa.

parikena || parakena
blacken (with shoe polish)

He parikena huu taa maatou mahi i mua i te haerenga ki te kura.

paripari
cliffs

Papaki kau ana te tai i ngaa paripari o Mookau.

parore
mangrove fish

Ko aa maatou kai he parore.

paru
1. mud 2. dye

Ka titia ki roto i te paru, ka noho ki reira moo teetehi waa, ka tango mai anoo.

paru moana || wahapuu
mudflats, estuary

Kia mau tonu ki te iwi Maaori oo raatou whenua, paru moana, tuuranga ika, raakau aahere manu, me eeraa atu taonga o te ao Maaori.

patapata
skin flakes

E takataka ana ngaa patapata o taku tinana.

patu (-a, -ngia, -tia)
1. remove 2. kill 3. beat, hit

1. Ko te kai maoa hei patu i te tapu raa. 2. Ko ngaa maatou miiti, ka patungia he poaka, ka tohatohangia ki teenaa whare, ki teenaa whare o ngaa whaanau raa. 3. I te ata me te poo ka patua e ngaa taitamariki te pahuu hei karanga i te iwi ki te karakia.

patu mangoo
shark fishing

I te waa e ora ana taku matua, ko te marama, he Oketopa, ka kii mai ki a maatou 'ka haere taatou ki te patu mangoo'.

patu tuna
eeling

Ko ngaa mahi a taku matua, he whakangau poaka, he patu tuna, he puhipuhi manu.

pau
1. come to an end
2. be consumed

1. Kaaore pea i pau, i huri pea te marama o too maatou taenga ki reira, ka mutu te pakanga.
2. Aae raa, te nuinga atu o ngaa koorero nei kua pau i taku tuakana, i a Paakira.

peehi (-a, -ngia)
press down, suppress

1. Peehia tana pito, auee Maamaa ee, kia puta mai ai he peepi karu rewha ee! (W) 2. Ko te iwi taketake o Aawherika ki te Tonga teetehi iwi i peehia kinotia naa runga i te kaikiri.

peeke
1. bag 2. pack 3. bank, banker

1. Ko aa maatou pukapuka ka makaia ki roto i te peeke hei whakahoki maa maatou

ki te wharepukapuka. 2. Ka tahuri atu au ki te peeke i aku mea, i aku taonga, kaare i haere mai ngaa tamariki ki te aawhina. 3. Kua tino koi te Maaori o naaianei ki ngaa mahi peeke hei whakarahi ake i ngaa moni a te iwi.

peenaa || 1. wheenaa 2. mehemea
1. like that 2. if

1. Na, ka mahi au i taku whaariki, aa peenaa anoo hoki pea te roa, aa na, ka mutu. 2. Peenaa koiraa te whakatau a tana iwi, koia teenaa.

peenei || wheenei
like this

Kaare ia i tuu i runga i te marae peenei i te koroheke nei naa.

peepee || peepi
baby

I whaanau mai taku peepee i te marama o Ruihi-te-rangi.

peepeehi (-a, -ngia) || peehi
press

E peepeehingia ana te paatene kia hiko te mihiini.

peepi || peepee
baby

Koiraa taku mahi he tiaki peepi.

peeraa || wheeraa
like that

Koiraa taana karanga, i peeraa tana karanga ki te tangata.

peeraro || peraro
1. a bivalve mollusc 2. potatoes buried in the sand or soil to ferment

Kei reira ngaa kuutai e tupu ana, ngaa kina, heoi, he peeraro, he puupuu, koiraa te kai o Waiuku.

peewhea || peehea
how

Kei te moohio katoa au ki eenaa mahi, e kui, ahakoa i teenei rangi, kei te moohio tonu au peewhea te mahi.

peha || kiri
1. skin (of fruit) 2. bark (of tree) 3. skin (of person)

1. Whero ana te peha o te aaporo. 2. Ka haere ngaa taangata ki te ngahere ki te tiki i ngaa peha o te tootara hei mea ki runga i taua whare raka. 3. Kei pakapaka too peha i te kaha o Tama-nui-te-raa.

peho || ruru
1. hoot 2. owl

1. Hei te poo ka rongo koe i te peho a te ruru. 2. Hei te poo raa anoo te peho kimi kai ai maana.

peka rohi
baker

Kua haere ki te hoko i te taitini a te peka rohi o te taaone.

penekoti || panekoti, kaka
skirt, dress

Heoi anoo, ko ngoo raatou kaakahu mangu ko ngaa penekoti peeke huka nei, koiraa kee ngoo raatou penekoti.

peraro || peeraro
1. a bivalve mollusc
2. potatoes buried in the sand or soil to ferment

He peraro ki ngeetehi, he peeraro ki ngeetehi ngaa pipi raka.

pereke
break in

Ko taa Wiremu mahi, he tapahi maanuka, he parau i te whenua, araa, he pereke i te whenua, ka hurihia ai hei paamu.

peropero
canine

Atiatia atu te peropero naa i te marae aatea.

perori || parori
1. crinkled 2. dishevelled 3. crooked

1. Kua perori too haate.
2. Perori ana a runga, taretare ana a raro.
3. I muri i te paanga o Piupiu e te mate iikura, ka perori te kanohi.

petapeta
ragged, worn out

Kua petapeta haere taku moohiotanga.

petipeti
betting

Eeraa mea, ngaa mahi petipeti nei, e mahia ana e maatou eenaa mea katoa.

pewa || tukemata
eyebrow

Oreore ana ngaa pewa o Tuurongo kia riro ai i a ia a Ruapuutahanga.

piha || puutia
butcher

E moohio ana hoki te piha ki te tapahi miiti.

piharau
blind eel

I ngaa paapuni o Arapuni kitea ai te piharau e piki haere ana i ngaa paatuu raima, ka paangia ana e te ringa ka tere ngahoro anoo ki te puutake, ka piki anoo ai.

piihau
fart

Ahakoa kaare e rongo
aa-taringa i te piihau,
ka mate tonu te ihu.

piiho (-ngia)
barter

Ka piihongia te kuumara
ki te kaakahu.

piikako || taaturi
ear wax

Ruiruia te taringa
kia makere noa mai
ai te piikako.

piikaru
discharge from the eye

Horoia too kanohi,
mukua te piikaru.

piikau (-ngia, -ria, -tia)
carry (on back)

Piikaungia mai ngaa mate
e hinga nei i runga i oo
taatou marae maha.

piikeha || keha
smelly

E piikeha ana te haunga
o te miiti pirau.

piipiki
cling

I piipiki te tamaiti ki a au
naa toona mataku i te kurii.

piirairaka || tiirairaka,
piiwaiwaka
fantail

He mea whakatakoto e
Kiingi Taawhiao he puu, he
kereruu me teetehi piirairaka
hei tohu i te rongomau.

piirangi (-tia) || hiahia
desire, want

Ko maatou hoki kei
te tuupato i a ia, i te
Paakehaa i mua atu i teenei
Paakehaa, i piirangi ia ki te
whakamaania i te waahi nei.

piirori || porotiti
twirl

Ka piirori ana te poi, ka
mau te titiro a te hunga
maatakitaki haka.

piirou (-ngia)
1. clear a path of stones
2. dig up (pipi)

1. Ka whakahaua mai
e Te Rauangaanga kia
piiroungia te whenua
moo te whawhai. 2. Ki te
tuu koe i ngaa onepuu o
te takutai, ka piiroungia
he pipi ki oo matiwae.

piiruru (-ngia) || 1. wharau
2. whakamaru
1. temporary shelter, small shelter 2. cover

1. Me tuu te wahine ki raro
i te piiruru, koorero ai i
ngaa take o te Poukai.
2. E piirurungia ana
too maatou kaainga
i ngaa raakau.

pika
pick

Ko ngaa taonga he pika, he haapara, koiraa te mea ka whakapahupahu i ngaa waro, naa ka keri.

pikihanga || pikinga
the climbing

I konei ngaa takahanga wae, ngaa pikihanga me ngaa hekenga o te iwi.

pikipiki raakau
climb trees

I a maatou e tamariki ana, ka pikipiki raakau, ka kooretireti. Kua kore katoa koe e kite i ngeeraa mahi i ngeenei rangi.

pikonga || piko
bend

Koinei ngaa taunga o ngaa waka tae atu ki te pikonga naa naa.

pikopiko
new fern frond

Tupu ai te pikopiko i te ngahere.

pinepoo || pinapoo
pinafore

Kaare maatou nei i whakamaa ki te mau tarau he paati i runga nei, kaakahu raanei i ngaa pinepoo peeke e mahia ana e ngaa ruuruhi moo raatou.

pipi
a bivalve found at low tide under sandy harbour flats

He pipi te kai ka kohia e maatou i waho atu o te marae o Maketuu.

piri
1. close 2. cling to

Ka tahutahungia ngaa marae, aa ko ngaa mea i piri atu ki te taha Paakehaa kua kiiia e ngaa Maaori he kuupapa.

piripoho
valued, prized, precious

Kei roto tonu i a koe te piripoho ki ngaa tikanga Maaori.

piripono
committed, loyal

Ko aku maatua ngaa iwi mau piripono ki te Kiingitanga.

piro || haunga
smelly

Ahakoa peewhea te piro o teeraa mea, o te mangoo, e reka ana ki a au nei.

pito
end

Kaatahi ka whakakoikoingia ngaa pito e rua.

piupiu (-a) || miioi
sway

Koia nei ngaa mahi, engari i reira ka piupiu ki runga, kaaore au i tae ki reira.

poa || taapoapoa
smelly (of fish)

Horoia oo ringa poa i muri i te raweke i te moounu.

pohe || kaapoo, pura
blind

Ka paa te ringa o Taawhaki ki ngaa karu pohe o Matakerepoo, kaatahi te kuia ka kite.

poke keehua
haunt

Kitea ana te wairua, ka mataku pai i te aahua o te poke keehua.

pokotehe
whitebait (inanga) or smelt

Ko te pokotehe he inanga pakupaku kei Te Puuaha.

ponga
silver fern, tree fern

He ponga, he wiiwii, he raupoo ngaa mea hei hanga i ngaa whare rauna o ngaa tuupuna.

poo (-ngia)
crowd around

1. Ka poongia te miiti e te ngaro. 2. Ka poongia te marae e te tangata.

pooauau || warea
having the mind occupied, distracted

He iwi rangatira teenei iwi, e kore e pooauau ki teenaa mahi poka noa.

poohara
poor

He teitei rawa teeraa ingoa moo koutou, e noho ki roto i te pooharatanga. (Naa Te Rata)

pooheehee (-tia)
think mistakenly

Ki te tae koe ki te kura, ooo, pooheeheetia ko koe teetehi tino tangata!

pooheeheetanga
mistaken thoughts

Maa taatou anoo taatou hei aawhina i roto i ngaa kuuaretanga, i ngaa pooheeheetanga.

poonoti
sheep droppings

Pareparengia ngaa poonoti kia kore ai e takahia e te tamariki.

poopokorua
pins and needles

Kinikini kiri ana te poopokorua, ka tau, ka riro.

poorangi || warea
having the mind occupied, distracted

Kia rongo mai koutou, e kore rawa a Ngaati Maniapoto e poorangi ki teenaa mahi poouri a Waikato.

poouri
1. sad, sadness 2. dark

Kua tuu ngaa tai a Raakei mata taniwharau, hoki atu koe kei mate koe i taku hika mookai, ka poouri ai a Whatihua, aae, a Whatihua, ka poouri ai ko tana huringa teenaa ko tana hokinga ki Aotea.

poowhiri (-ngia, -tia) || poohiri
welcome

Ka puta ki waho, kua poowhiri te ringa, e hoa maa, peka mai ki te kaainga, kei te wera te tii.

pore (-a)
tumble over

Ka pore au ki te papa i te takaanini.

poro (-a, -ngia) || piirori
to bowl

Me poro te pooro maitai ki te pooro maa, ko te mea tata katoa ka toa.

porohutihuti
ragged, untidy, messy

Porohutihuti ana te aahua, me whakapaipai ka tika.

poroporo
last sound of a dying person

Ka maatakitaki mai a Maniapoto i te kaha o te haka, ka poroporo, ka mate.

porotiti
tumble

He porotiti, he taataka porepore te mahi a ngaa tamariki i te hiwi.

poto || hui
assemble, gather

1. Ko ngaa iwi eenei i poto ki taua tangihanga, ko Ngaati Maniapoto e 2000; hui atu ki a Ngaati Mahuta, ki a Ngaati Korokii, ki a Ngaati Hauaa, ki a Ngaati Maru, ki a Ngaati Whakaatua, ki a Waikato hoki ka eke ki te 9000 ngaa taangata i tae ki taua tangihanga. 2. Ka puu ngaa tangi, ka ruupeke ngaa tangi moo te hunga kua poto ki te poo.

pou (-a)
1. biff, tip it out 2. stick into ground

1. Mutu ana te taauwhiuwhi, ka poua atu te wai ki te whenua. 2. Ka poua teetehi o ngaa tautara hii ika, ka purutia teetehi ki te ringa.

pouaka
part of apparatus used to cut greenstone

Torongia te pouaka hei tapahi i te pounamu.

Poukai
an annual gathering held at supporting marae of the Kiingitanga attended by the King, his entourage and King Movement supporters.

Ka tiimata Te Ara Poukai, e kiiia ana e ngeetehi ko te 'rauna', ki Parawera.

pua
bud (flower)

I moohio rawa atu a Mootai ki te aahua o te pua o te tii.

puaka
just opened (flower)

Ka pua, ka puaka, kaatahi ka puaawai.

puapua || 1. aroaro, tamutamu
1. vulva 2. petal

1. Ko te puapua e tiaki nei i te taiawa o te wahine. 2. Takataka ana ngaa puapua o te puaawai i te hau puukeri e pupuhi mai nei.

puare || tuwhera
be open

I puare ngaa tatau o te whare i te ata.

puhaanga
mouth to mouth resuscitation

Tapaina mai a Puuhaanga i te puha hau ki te waha, araa, he puhaanga.

puhake
full to overflowing

E puhake ana te kete i te nui o te maatauranga.

puhipuhi (-ngia, puuhia)
1. feather, hair or fibre adornments 2. to shoot 3. blow repeatedly

1. Ka whatua anoo teetehi mea, koia teeraa te puhipuhi o teeraa mea. 2. Koiraa ngaa oranga i ngeeraa waa, he haere ki te puhipuhi manu. 3. Puhipuhingia oo kai, kei wera too arero.

puhipuhi paarera
duck shooting

He awa pai moo te puhipuhi paarera, puhipuhi waana, he mahi kai katoa ngeeraa mahi.

pukepuke
mound

Pukepuke te huinga o te tapu, o Kaarewa. (W)

puku hamuti
stomach full of excrement

Te kaiponu o te puku hamuti naa.

puku reherehe || puku wheti
protruding belly, pot-bellied

Ka puurena ana i te kai, naawai ka puku reherehe te tangata.

puku roke
bloated from overeating

Ka mutu te puku roke i te kaha o te kai.

puku wheti || puku reherehe
protruding belly, pot-bellied

I te kaha o te inu waipiro i ngaa tau nei, kua pukuwheti.

punga
anchor

I te puuaha o Aotea kaatahi ka rukena tana taatua, he koha moona, moo te punga o te waka o Aotea.

pungapunga || taataahoata
pumice

Noo te huu o Tongariro, ka whiua te pungapunga ki matara.

pungarehu
ashes

Ko taku wawata kia haria atu aku pungarehu ki te ngahere.

pupuhi (-a, -ngia)
1. swollen 2. shoot (gun) 3. blow

1. Kua pupuhi ngaa wae o Mita i te mate huka.
2. Haere ki roto, ki te pupuhi i te poaka.
3. E pupuhingia mai ana raa e te hau.

pupuhi manu
shoot birds

E whakahokia atu ana anoo e au too puu, Taawhiao, ki a koe, hei pupuhi manu maa taaua.

pupuru (-ngia, -tia, purutia) || pupuri
hold

Me mau teenei kotahitanga me teenei Maaoritanga ki te pupuru, ki te haapai i ngaa tikanga papai a te iwi Maaori, me te reo tuuturu o te Maaori, ngaa whakataukii me eeraa atu.

pupuu
bubble up, boil up

Kaare anoo kia pupuu te wai o te koohua.

puraatoke
1. glow worm 2. faint glow

Mura ana ngaa puraatoke o ngaa ana o Waitomo.

purepure || kootingotingo
spotted

He paatiki, engari he purepure katoa.

puru (-a, -ngia, -tia) || 1. aukati 2. pupuri, pupuru
1. stop 2. plug, bung, hold 3. blocked

1. Ka meatia te whenua hei tauranga aropereina, naa maatou i puru, ka kii atu maatou kaao, ko teenei tuuaahu, he waahi tapu i mua noo ngaa tuupuna. 2. Ko eetehi o ngaa kaupapa i tuu ai te Kiingitanga, hei puru i te toto, hei pupuru i te mana Maaori motuhake. 3. Ka purua te puta o te waka ki te kaakahu.

puruhau || huangoo
asthma

Ko Mahuta te tangata puruhau i te kaha oona ki te hoe waka.

puruheka || puruheke
mouldy

Inaa puruheka te toroii, kua moohio koe kua maoa.

puruheke || puruheka
mouldy

Ki te puruheke ngaa papa o te whare, aakuanei ka paa kau te maauiui ki te tamaiti.

purukehakeha || puruhekaheka
mouldy

Ki te puta te wahine maaikoiko, kaatahi ka purukehakeha te aahua o toona whare.

putanga
1. appearance 2. exit

1. I te whaanautanga o Korokii, koia teenaa ko te putanga o Matariki i te rangi. 2. Kaare he putanga moo Te Kooti i eetehi waahi kee atu. Kua karapotingia hoki e ngaa hooia o te Paakehaa.

puu koorero
expert orator

Ko Henare Tuuwhaangai te puu koorero hei maangai moo Kiingi Korokii me Te Arikinui i toona waa.

puu-raarangi || arapuu
alphabet

I te waa e ora ana, i whakaakona au e ia ki te puu raarangi.

puuhaa || puuwhaa
sow thistle

Kua tangongia ake ngeetehi o ngaa huahua raa i roto i te *cream can*, kua panga atu ki roto i te koohua kai, naa kua tunua atu he puuhaa me ngaa riiwai.

puuhaa pororua
soft sow thistle

Ko ngaa aahua o te puuhaa, ko te puunitanita, ko te puuhaa pororua, ko te aha kee.

puuhaehae || harawene
jealous

I reira ka kino a Ruapuutahanga, ka puuhaehae raa ki a Apakura, na ko tana hokinga teenaa ki tana whenua.

puuhoi || pooturi
slow

He puuhoi noa iho ngaa tima e tere ana i te awa.

puuhunga
lean-to, bivouac

He whare whakairo ki te paa, he whare puuhunga ki te ngahere.

puukeikura || tamariki
young child

Naa Te Puea anoo hoki ngaa puukeikura i manaaki i muri i te Whuruu.

puunitanita || raruraru
troubles, concerns, dilemmas

Kaaore maatou i tino whai waahi ki te hui, he maha noo ngaa puunitanita i puta i taua poo.

puupaa || kuupaa, tokopuaha
burp

Mirimiria te tuaraa o te peepee kia puupaa mai.

puupuu || tiitiko
periwinkle

He peeraro, he puupuu, koiraa te kai o Waiuku.

puurehurehu || puurerehua
butterfly

Ka tau kee te aahua o te puurehurehu me ngoona tae.

puureke || paakee
rain cape

I te haerenga o Tamainupoo, he puureke anake te kaakahu.

puuremu
commit adultery

Noo muri i te puuremu a Marama kiko-hura, kaare ia i whakaaro nuitia e Hoturoa.

puurewa
float

Tukua mai a Tainui kia puurewa i runga i te tai i waho o Papara.

puutahitanga
convergence, hub

Haere ki te poo tuutanga nui o Pipiri, ki te puutahitanga nui o Rehua. Haere ki te urunga, tee taka, ki te moenga, tee whakaarahia.

puutake
basis, reason, base

Me whakarongo koe ki te puutake o too whai, ana ka kuhuna atu he kariri ki roto.

puutia || piha
butcher

I tonoa aa maatou kau
ki te puutia o te taaone
hei tapatapahi maana.

puutu
boot

Ko te 'waatataiti' e waiatatia
ana i te waiata moo te
kupu a Te Whiti, he
puutu roroa hei aukati i te
kuhutanga mai o te wai.

R

raa (-ngia) || 1. whakamoe
1. event, day 2. be wed

1. Koiraa anoo hoki too raatou whakaaro i eeraa waa, hei maunga aa-ringa moo raatou e haere ai raatou ki ngaa raa o te Kiingitanga. 2. Ko te waa teenei e raangia ai te tokorua i roto i te aroha puumau o teetehi ki teetehi.

raahaki || rahaki
to the side

Ka haere au ki raahaki ki te titiro atu.

raahiri || poowhiri
welcoming, to welcome

Ka puta te reo raahiri o Ringaariari, 'Haere mai e Ihi, tuia ki te piringa o Hauoira'.

raahui
flock, herd

Ka rere te raahui kaakaa i te rangi.

raanei
or, either

Mahi ai hoki i ngaa taima e waatea ana nee, ka mutu ka haere ki te keri awa, ki te aha raanei, ki te mahi moni hei tango kai maa maatou.

raarangi koorero
history

I runga i ngaa raarangi koorero a raatou maa, e pai ai te anga whakamua me titiro whakamuri i eetehi waa.

raawaahi || taawaahi
overseas, the other side of a body of water

He nui ngaa waahi i haere ai au, tae noa hoki ki ngaa whenua o raawaahi.

raawhiti
east

Ko te waahi i noho ai a Te Kooti e waru maero pea ki te tai raawhiti mai i Ootorohanga.

rae
forehead

Kei runga i taku rae, koiraa te taha wairua, ko te koorero moo teeraa tohu, ko te tohu o te wairua teeraa.

raharaha || horapa, hora
spread out

Raharaha ana ngaa raorao o te whenua hei taunaha maa Rakataura.

rahi || nui
1. enough 2. size

1. Kua rahi teeraa, e tau ki raro. 2. I aata mahi a Whatihua kia rahi ake te taahuhu o toona whare i too Tuurongo e riro ai i a ia a Ruapuutahanga.

rahirahi || angiangi
thin

Rongonui ana a Ngaati Paoa moo te rahirahi o ngaa taringa.

rahorere
inverted testicles (not yet dropped)

Kaare anoo kia taka ngaa raho, ka kiiia iho ai he rahorere.

raka || raa
locative particle

Ka haere ngaa taangata ki te ngahere ki te tiki i ngaa peha o te tootara hei mea ki runga i taua whare raka.

rakuraku
1. scratch, to rake 2. a rake

1. Rakuraku ana ngaa maikuku o Kurungaituku i te koowhatu. 2. Tiikina atu te rakuraku hei tahitahi i ngaa rau tii kua taka iho ki te papa.

rama kareheeni
kerosene lamp

E noho ana au i roto i taku whare, e kaa ana taku kaanara me taku rama kareheeni.

rama tuna
eeling by firelight or torchlight

Hui atu ki Te Aakau e haere ai taaua ki te rama tuna.

rami (-a)
squeeze

Me rami noa koe i te pipi kia maamaa ake ai te urunga o te naihi, ’tahi ka koowhaangia.

raneatanga || toonuitanga, ranea
prosperity

Ko toona raneatanga, ka whiwhi a Ngaati Maniapoto i ngaa kaipuke, i ngaa mira paraoa, i ngaa kau, i ngaa hooiho, i ngaa poaka, he mea utu nui katoa aua taonga.

ranga
face towards

Kaua e tahuri too kanohi, me ranga kia kitea koe e te tangata.

rangaranga
warm oneself by the fire

Rangaranga ana ki te kaauta o Maungatautari, ka mahana, ka tau.

rangatahi || taiohi
youth

Kia kaha tonu aa maatou tamariki, aa maatou rangatahi ki te hokihoki mai ki too raatou whenua tuupuna.

rangatira
chief, boss

Ko te kaumaatua te pou o te whaanau. Ko te rangatira te pou o te hapuu. Ko te ariki te pou o te iwi.

rangatiratanga
nobility, chiefly authority

I whawhai ngaa tuupuna kia mau tonu i a raatou te rangatiratanga i runga i oo raatou whenua.

rangimaaria || rangimaarie
peace

Tiimatangia e Te Puea, e, Te Pou o Mangataawhiri, hei waha i ngaa iwi, hei waha i te tikanga me te rangimaaria, e. (W)

rangimaarie || rangimaaria
peace

Ka tangohia te puu a Taawhiao, ka mutu, kaatahi ka whakautua, aae kua tau te rangimaarie i waenganui i a taaua inaaianei.

ranu (-a, -ngia)
mix water with dry foods

Ko te kupu a Hoani Paapita, e kore te wai tai e ranu ki te wai maaori.

rapu (-a, -hia, -ngia) || kimi
search for, look for

Kua tiimata maaua ki te rapu mahi kee, naa ka riro mai i a maaua.

rarahi || nunui
quite big

Ko ia te mea i tiaki i a maatou kia rarahi ake maatou.

raranga (-hia, -ngia)
weave, plait

Ka uuhia ki runga i ngaa rarauwhe, naa ko ngaa whaariki i rarangahia nei i te harakeke i runga ake, aana ko ngaa paraikete.

rarata || mokamokai, mookaikai
tame, docile, placid

Aa toona waa pea, ka rarata ngaa iwi i tuukinohia i te pakanga.

rarauwhe
bracken fern

Ka mahingia e taku matua he rarauwhe, ka pangaa ki raro, naa ko te taunga teeraa o ngaa riiwai i te heeti rokiroki.

raruraru
problem, difficulty, conflict

E ai ki ngaa koorero raa, naa, koinaa hoki ngaa raruraru ki waenganui i a raaua, ko te koorero a ngaa tuupuna hei tukumaru i too raaua raruraru i teeraa waa.

rata || pai
partial to

Te hokitanga i Paeraataa i ngaa haerenga keri riiwai nee, koiraa hoki te moni e rata ana.

rauna
round, cycle

Ko te koorero a Kiingi Korokii, haere atu i te rauna aa, kei Ookapu ka mutu.

raupiri
poultice

Ko te raupiri kawakawa te rongoaa pai hei tango mai i ngaa paihini e mate naa too waewae.

raupoo
bulrush

Ko ngaa maatou nei kori i ngeeraa waa, e mahingia ana he raupoo hei winimera.

rauroha || marara
spread out, scattered

Ka rauroha te noho, ka iti haere te noho i ngaa paa.

rauwiri || 1. hiinaki 1, 2. rauiri
1. eel weir 2. posts interlaced

Tuuria te rauwiri ki Waahi, kei Taatahi te hopunga mai o te tuna puhi.

raweke || whaawhaa
play with, meddle with

Ka kite koutou i te mea hei raweke maa koutou.

rawenga
excellence, fineness, quality

Ko ngaa rawenga teenei o te toopuu me te reo mana.

ree
there (see)

Araa ree, kei muri atu raa raa te whare tawhito o Wahanui maa.

reehita (-ngia)
register

Ko taku ingoa, a Iti, naa taku ruuruhi tuuturu i reehita, naa Rangihinemutu.

reewana || reewena
leavened bread

Ko ngaa kai, he kaanga pirau, he kootero, me kii ko te rohi ko te paraaoa, he rohi reewana, he takakau.

rei || niho
1. tooth 2. wet, sodden

1. Ahakoa he iti taku ngohi, he rei kei roto! 2. Kua rei te whare i te waipuke.

reihi || reehi
1. to race 2. a race

Ko taana nei mahi he reihi hooiho, nee.

reira
there (mentioned previously)

Ko Waimiha teenaa, i whaanaungia au ki reira, kaatahi au ka whakahokia mai ki te tuahine o taku paapaa.

reka
delicious

Ahakoa peewhea te piro o teeraa mea, o te mangoo, e reka ana ki a au nei.

repirepi || rerepi, koorori, paareti
porridge

He paraoa, he wai, he repirepi, he koorori, inaa te reka, e!

rere
flow

Ka rukea atu ngaa kaanga ki roto, kaatahi ka tukua mai, ka keringia atu te wai i te awa, kia rere mai i runga, na ka rere whakararo.

rerekeetanga
difference

Ka uru mai anoo te rerekeetanga ki roto i a koe nee, he rerekee anoo teeraa.

rerureru || kuru
thump, strike

He mea rerureru mai te uma o Te Huaki e kitea ai te maaia me te wana.

rewharewha
influenza

Paangia katoatia ana te whaanau e te rewharewha.

riitaaia
retire, retired

Naa, i haere mai ai maaua ki konei noho ai, kua riitaaia hoki ia.

riiwai || taewa
potato

He riiwai eetehi, he kaanga i whakatoongia, ora atu te iwi Maaori i aua waa.

riiwai wari
watery potato

He maha hoki ngaa momo riiwai, ko te wari teetehi.

rikarika || hiamo
excited, enthusiastic

E rikarika katoa ana au ki taa taatou haere aapoopoo. Kaaore e kore, he waahi whakamiiharo te whare o Kuiini Irihaapeti.

rimurimu
seaweed

I te uunga o te waka ki teetehi awa iti nei i te one o Te Muruwai i te poo, ka uuhia te waka me ngaa taangata ki te rimurimu me te otaota.

ringakawa
cook whilst harbouring ill-feeling

Kei taka kai koe i te waa e tupu ana te nguha i roto i a koe, ka kiingia he ringakawa.

ringi (-hia)
1. to ring 2. pour

1. Ringihia mai, waeatia mai, tuhituhia mai e, kei te manawa tonu te aroha me te whakapono. (W)
2. Ka ringihia te hinu poaka raa ki roto hei kootutu.

ringo
a variety of eel

Kia maha mai hoki ngaa momo tuna o Waikato, ko te ringo teetehi.

ripi
1. a type of knife 2. skim, skip

1. Tiikina te ripi hei hahau tuna. 2. He ripi koohatu te mahi a ngaa taitama.

ripitiki || pani ngutu
lipstick

Kua mau ripitiki, kua mau paura, ko te panipani o te kanohi.

riri (riiria)
angry, enraged, furious

Ka tangi au kua riri te ruuruhi, 'E hoa maa, e ahangia ana e koutou taku mokopuna?'

ririki || moroiti
very small

Ko ngeetehi pou ririki anoo e kiiia ana he tii rau.

riro
1. obtained 2. go

I tono mai a Te Puea kia tukua ngoo maatou whenua ki te *scheme*, kia riro mai ai he kau, he *manure*, ngeeraa mea moo te whenua, nee.

riwha || 1. tiwha, nawe 2. pahawa, oti, pahure 3. tutuki
1. scar 2. achieved, fulfilled 3. chipped (of crockery)

1. Kia nui mai hoki te riwha i too waewae.
2. He aha hoki te mea i riwha raa i a koe i te rangi nei, atu i te kai i too hanawiti? 3. Kua riwha te kapu, kua kore e pai hei inu maa te tangata, kei motu ngaa ngutu.

rohe || takiwaa
area, district

E noho ana i runga i eenei takiwaa, i te rohe o Raakaunui, me kii, 10 ngaa marae, huri rauna i te rohe o Raakaunui nei.

rohi || paraoa
loaf (of bread)

Te kupu a taku tupuna, Peka Rohi ki ahau, e . . . (W)

roi
grate into a pulp

Ka roi i ngaa kuumara hei kai maa te peepee.

roimata || waikamo
tears

I pupuu ake ki roto i te roimata, i te aroha.

roke miimiha
fur seal dung (delicacy)

Haria ake ai e te ruuruhi teenei mea, te roke miimiha ki ngaa Poukai. He tino kai teeraa naa raatou.

roke patupaiarehe
fungus, white puff balls

Noo te kitenga a Nana Olly i te roke patupaiarehe i waho i tana whare, ka riiria e ia, ka kiingia atu, 'E hoki ki too kaupapa!'

rokeroke
1. effluent 2. teething (perhaps idiomatic expression for teething babies)

Kaua koe e haere ki te kohikohi waatakirihi i koo, he rokeroke noo te wai raka.

rokohanga || tuupono
chance upon

Piki ake Taawhaki ki ngaa rangi, rokohanga mai ko Whaitiri ki te tahatuu.

romiromi || mirimiri
massage

Hoomai too ringa ki raro nei naa romiromi mai ai, e. (W)

rongo (-hia, -na, -ngia, rangona)
hear, feel, sense

1. Ki tooku nei rongo, i te waa i tana taenga mai ki konei, i huri rauna ia i te moutere nei, i a Aotearoa. 2. Teeraa ka rangona te kupu a Hekemaru, 'Ko Mootai nohoanga iti e'.

rongo koorero
hearsay

He rongo koorero noa iho te rongo, kua nui noa atu te wehi, tae tonu mai teeraa o aku whaea kua tuku ki raro i tana hooiho.

rongonga || rongotanga
hearing

Te rongonga atu o Whaea-taapoko, ka tonoa teetehi o ana mookai ki te tiki wai.

rongonui (-ngia, -tia)
famous, well known

Ko teetehi kuia rongonui i a maatou nei o Waikato, ko Nora Pikia, kua tiimata tana kore e kaha ki te haere tonu nee, ka koorero ki a au mehemea ka pai au ki te noho i runga i tana nohoanga, heoi anoo hei kuia moo ngaa haere a te Ariki, kaare kee au i pai, ki a au nei kaare au i tika moo ngeeraa nohoanga, ka mea mai ia ki a au, 'kaao, me whakarongo, kare kau hoki i tua atu', aa wheoi anoo ka tiimata.

roomi (-a)
throttle

Kua roomia te kakii o teeraa, kua nanatia te kakii.

roopere
strawberry

He roopere taa ngaa maaua mokopuna tino kai.

roopuu
group

Ko ia tonu te mea tuatahi o Te Arawa i uru ki roto i teenei roopuu, mai i te tiimatanga.

roorangi || ngooki
crawl

Araa te peepee e ngokingoki ana, e roorangi ana i te papa o te whare.

rooreka
sweet sounding

Koia teenaa ko ngaa reo rooreka o ngaa manu tiioriori o Taniwharau.

rooria
Jew's harp

Ka kii mai te ruuruhi ki a au, 'Anaa, tuu mai, kanikani mai.' Ka purei i tana rooria, ka kanikani au.

ropiropi
something that needs to be learned

Me ropiropi ngaa tongi a Taawhiao e ngaa uri o Tainui kia kaua a muri e hokia.

rorerore || rore, taawhiti
snare, trap

Waihoki maa te kotahi o teenei whakatupuranga e puta ai i ngaa rorerore o ngaa ture, me ngaa whakahaere a aa-kewha.

rori || huarahi
road

Hoki ake aku mihi ki ngaa rori o Poohara, ki ngaa rori i haere ai au i ngaa rangi o mua raa, e. (W)

rorikaro || kakara
perfume, scent

Ka panipaningia te kiri o Mahinaarangi ki te hinu o te raukawa hei rorikaro i tana tinana.

rorirori
silly, stupid

E kiiia ana te tangata hautete koorero, he rorirori.

rourou
basket (for food)

He aha koe i haere mai ai i te rourou iti a Haere, tee noho atu ai i te tokanga nui a Noho?

rua
pit, hole

Ka keria he rua hei rokiroki i ngaa kuumara.

rua koowhaa
mountain where lightning strikes as an omen

He rua koowhaa a Karioi, e ai ki ngaa kupu o te waiata, 'Teeraa te uira, e hiko i te rangi, e waahi rua ana, naa runga o Karioi . . .' (WT)

rua korotangi
pit for kuumara

Ko te kai i whaangaihia ki a Korotangi, ko te kuumara. Koiraa hoki i tapaa ai te ingoa o te rua korotangi ki te rua i keria ai hei nohoanga moo te kuumara.

rua whakautu || urupaa, takotoranga
resting place

I mate ia ki teetahi o ana kaainga i Maapiu, ka mauria mai kia takoto ki te roro o tana matua-aa-whare o Te Tokanganui-a-Noho i Te Kuuiti, i muri rawa ka mauria ki te rua-whakautu o ana maatua tuupuna i Mookau.

rua-aa-tai
sound of crashing waves

Whakarongo mai ki te rua-aa-tai e papaki mai ana ki waho o Karewa e

ruarua || torutoru
few

He ruarua raa ngaa topehutanga o te toka.

ruke (-a, -na, -ngia)
1. cast aside 2. throw down

1. Ka rukea ngaa hua pirau ki rahaki. 2. I te puuaha o Aotea, kaatahi ka rukena tana taatua, he koha moona moo te punga o Aotea.

rukenga
something cast aside

Ka pooheeheetia he kura ngaa poohutukawa e tupu ana i te tahatika, ka whiua ngaa kura ki te wai hei rukenga maa Tangaroa.

rumaki
immerse, duck in water, drown

I eetehi whakapono,
me rumaki te tangata
ki te wai hei iriiringa.

runa
dock leaf

Hei whakamahu i te wheewhee, ka makaia te rau runa ki runga hei too mai i te pirau ki waho.

ruperupe || tiirepa
fly or flap, shake out

1. E ruperupe ana ngaa parirau o te manu kia tau a Maaui ki toona matua. 2. Me ruperupe i ngaa whaariki.

ruruku
1. to swim underwater, dive
2. an incantation

Ka tau kee a Tahinga ki te ruruku kina hei whaangai i tana iwi.

Ruuaimoko || Ruuaumoko
god of earthquakes

Ruuaimoko, e, purutia, taawhia, kia ita!

ruumaatiki
rheumatism

He mamae ka hua i te ruumaatiki ka paa ki te whatianga me te io.

ruururu || puu, kaapuinga
bundle

Ka matika te taahae ka waha i te ruururu tahaa ki te wai.

ruuruu
wave about

Ka ruuruuutia te pahi kia tuu.

T

taa pootaka
whip spinning tops

Koiraka teetehi o aa maatou kori i eeraa waa, he taa pootaka.

taaeta
tight, fully inflated

Me taaeta te puruunu.

taahae (-ngia, -tia) || whaanako
steal

E kiiia ana a Hotunui he tangata taahae kuumara i Kaawhia.

taaketa
wedge or jam something tight

Me taaketa ngaa puare o te whare kia kore ai te Ponaturi e kite i te raa e whiti ana.

taakirikiri (-ngia)
split into fine strips

Taakirikiringia mai ngaa kookaa o ngaa harakeke, ka rarangahia ai hei whaariki moo te taha o te ahi.

taakomakoma || komakoma
cause to chatter noisily

Kauraka koe e taakomakoma i ngaa tamariki neki, ka whakaara raatou i te peepee.

taamuu
subside, ease off (of weather or emotion)

1. Kua taamuu te ua, kua mao te rangi. 2. Kua taamuu taku mamae.

taanapu
buck (of horse)

Ka tumeke te hooiho, ka taanapu, kei raro te tamaiti e putu ana.

taangengangenga
loose, wobbly (of a chair, table leg or tooth)

E taangengangenga ana te waewae o te tuuru.

taapaatai
assistant to a tohunga or shaman

E kii ana a Te Hurinui, ko Taapaatai te tangata aawhina i te tohunga.

taapae (-a, -ngia) || mutu
1. end, finish 2. put forth, to present

1. Naa taua tikanga i taapae teenei mahi kino a te iwi Maaori, te kai tangata. 2. I taapaengia e Tarapiipipi te whakaaro ki a Te Wherowhero.

taaparuparu
contaminate (a cultural transgression)

Kaua e horoi i too tarau mate wahine me ngaa kaakahu o eetehi. He taaparuparu teenaa mahi.

taapepapepa
stumble frequently

Kaua hoki maatou e tukua kia taapepapepa.

taapii || haangii
earth oven

Ka tahuna te ahi i te ata, ka tunua te kai a Hekemaru i tana taapii.

taapiri (-hia, -ngia) || aapiti
add to

Kua nuku atu inaaianei te mahi o Maatua Whaangai, aa, kua taapiringia atu ki ngaa mahi o roto o Raukura Waikato.

taapoapoa || poa
smelly (of fish or taste)

Ka taapoapoa ngoo ringa i te ika raa.

taapokopoko
choppy, great swelling waves

Ko Te Moana Taapokopoko a Taawhaki kei waenganui i Aotearoa me Ahitereiria.

taapu
stop

I taapu te mahi maakutu i muri i te whakaheenga a Taawhiao.

taapu kaukau || puna kaukau
bath tub

Kua haere ki te kaukau, he whare kaukau anoo me te taapu kaukau, aa, ka pai au ki teeraa aahuatanga.

taaraauma || uma, poho, koouma
chest

Hongihongia te mamaoa o te rau purukamu kua rumakina hei whakamauru i te maremare o te taaraauma.

taarai (-a, -ngia)
carve, hollow out

Ka rite te raa hei tiimataranga i te waka, ka haere a Memeha-o-te-rangi ki te tiki i te tino tohunga, i a Rakataura, hei taarai i te waka.

taarewa
flying (of flag)

Taarewa tuu ana Te Paki o Matariki i te waa o te Koroneihana.

taarukuruku
dunk, dip (into water) frequently

I taarukuruku ia i ngaa kaakahu ki te wai.

taataahoata || pungapunga
pumice

He whenua taataahoata te whenua i haere ai te ope.

taatai || kaawai
genealogical lines

Aapiti hono, taatai hono, koutou raa te hunga mate, moe mai, moe mai, moe mai, whakataa.

taati || tiimata
start

Kei ngaa hao ikatanga, kei a Huurae ka taati, kei a Noema ka mutu.

taatua
belt

Te haerenga o Kupe, ka tae ki te puuaha o Aotea ka whiua tana taatua ki te moana.

taauwhiuwhi
splash (do yourself with water)

I mua i too ruku ki te wai me taauwhiuwhi kia waatea.

taawari
an endemic tree

Ka tiimata ngaa mira, naa ngaa taawari, ka tiimata te mahi.

taawerewere
dangling

Taawerewere ana te aka taarere ki te maunga e tuu mai raa.

taawha (-ngia) || neke, nuku
relocate or move elsewhere to live

E taawhangia ana koe ki whea?

taawhanawhana || aaniwaniwa, kahukura, koopere, uenuku
rainbow

Taawhanawhana i te rangi, torotoro ki runga maa te ao kapua.

taawhara
flower bract of kiekie used as food

Hei a Maehe ka pua te taawhara.

taawhiwhi || herea
entangled, entwined

E taawhiwhi ana ngaa ringa o Te Aho-o-te-rangi i Kaawhia, naawai ka mate.

taea
physically able

Kore rawa i taea, ko te take, kua paapaangia too maatou tupuna e te mate, ka noho ko ahau ki te tiaki i a maatou.

taha moana || taatahi
seaside

Heoi anoo, ko te ora o taku ngaakau, kua noho au i te taha moana.

tahaa
calabash

Ehara too taane e whai naa koe, he tahaa wairere! (Naa Whatihua)

tahanga || kirikau
naked

Teenei a Maarama-kiko-hura he wahine tuu tahanga.

taharua
affiliated to two tribes

He wahine taharua au.

tahatika
river bank, shoreline

1. I te waa e hoea ana a Tainui i te tahatika, e rua ngaa mea i whakarere i te waka; he wahine, ko Toorere te ingoa, me teetehi tangata, ko Taritoronga te ingoa. 2. Te taenga atu ki uta ka huna i a ia ki roto i teetehi nehenehe i te tahatika o teetehi awa ki te take o te whanake.

'tahi || kaatahi
1. abbreviated form of 'kaatahi' 2. together, at the same time, also

1. 'tahi ka maahuehuengia teeraa kaainga, kaatahi ka korekore rawa atu ngaa taangata. 2. Taku moohio he wheenei tahi a Tainui, ka karangahia ngaa iwi ka hoki mai i te urupaa.
3. Nooku tahi teenaa marae.

tahitahi (-a, -ngia)
1. brush off (dirt) 2. peel

Kaare e tahitahingia ngaa riiwai hoou.

tahora || tiko peepee
defecate (of young child), faeces (of baby)

Kua tahora te peepee i roto i tana kope, koiraa hoki ia e tangi nei.

tahu (-na)
burn, light (fire)

Ko Tuu ki waho, ko Tahu ki roto.

tahu wai
boil water

Heoi anoo i muri mai ka noho, araa e kite ana hoki au i a ia e tahu wai ana ki roto i ngaa oko.

tahuri || huri
turn to

Ka tahuri ki te hanga i too maatou whare nui, te whare hei nohoanga moo maatou, koia he kaamura hoki taku matua.

tahutahu (-na, -ngia)
burn repeatedly

Ka tahutahungia ngaa marae, aa, ko ngaaa mea i piri atu ki te taha Paakehaa kua kiiia e ngaa Maaori he kuupapa.

tai raakaunui
spring tide

Kua kii mai te tai, he tai raakaunui te tai.

taiapa || taiepa
fence

Ka whakairiiringia ki ngaa taiapa ngaa ika kia maroke i te raa.

taima
time

Kare kau ana ngaana nei tamariki i te taima tuatahi noona i te moe wahine.

taimahatanga || toimahatanga
heaviness, illness

Ka tae mai ki teenei rangi kei a taatou tonu teenaa taimahatanga kei mua i a taatou.

taioretanga
times when we were at our best, the golden years

Teenaa Kaawana, whakapaua too kaha, i whea koe i mua raa, i taku taioretanga? (W)

taka
fall, be dropped

E rongo ana hoki au, ki te taka te hiko o teenaa waea ki runga i ngaa taiepa, ka whara, ka mate raanei te tangata.

taka aa-rangi || takaaanini
headache, hangover, dizziness

I taku ohonga ake i te ata nei, e taka aa-rangi tonu ana te pane. Te utu ee o te mahi haurangi!

takahi (-a, -ngia)
trample

Takahia mai te papa nekenekehanga o ngaa maatua, tuupuna i waiho ake ai ki te ao tuuroa.

takahuri (-hia)
roll over, overturn

Teenei too taatou koohatu nui kua takahurihia mai kei runga kei too taatou marae.

takapau || whaariki
ceremonial mat

I moe i runga i te takapau wharanui. Ka takoto i runga i te takapau o Aituaa.

takapou (-a)
tuck in (like a sheet)

Takapoua te hiiti kia pai ai te aahua o te moenga.

takariri || whakatakariri
anger, outrage

I te moohiotanga iho kua mahia kinotia oona whenua, ka puta te takariri i a ia.

takatahi || whakahiihii
boastful, arrogant

E kore te tangata takatahi e paingia e toona iwi.

takatuu || whakarite
prepare

Noo te ope a te Kiingi e takatuu ana ki te whakaeke i runga i te marae, ka rere atu te karanga a te reo o te Kiingi i te ope whakaeke tonu hei whakamoohio atu ki te hau kaainga kua tae mai te Kiingi.

takawiri (-hia, -ngia)
twist, wring

Takawirihia too koroihe kia puta mai ai te wai o roto, ka whakairi ai.

taki (-na) || whaikoorero
1. formal speech 2. herald (morning)

1. Kaare i te tika too taki i mua i too paapaa. 2. Matariki, Tautoru, Taawera te whetuu taki ata.

takitaki
chant, recite

Koia ko Toroa-ihu-roa te tangata takitaki i te matataketake.

takiwaa || rohe
area, region, district

Mura ana te whenua takiwaa ki te moana, e. Auee te aroha te mamae i ahau, e. (W)

takoto (-ngia, -ria)
lie down

1. I takoto tiiraha mai raa taku koroua i taawaahi. 2. Takoto ana mai te marama i te pae, te tara ki te uruhi. (WT)

takutai
coast

I aua waa, te maha hoki o ngaa kai o te takutai moana nei.

tamaiti atawhai || tamaiti whaangai
fostered child

Ko Maaui te tamaiti atawhai naa Tamatea-ki-te-marangai, naawai ka hoki ki toona whaea.

tamaiti kaumaatua || maataamua
oldest child

Ka tuu te tamaiti kaumaatua a te koroua hei maangai moo te whaanau.

tamaki
twitch (nose)

Roiroi ana te kanohi i te aahua o ngaa putiputi, ka tamaki te ihu i konaa.

tamariki atawhai || tamariki whaangai
fostered children

Hei tamariki atawhai maatou maa raaua, aa, naa raaua maatou i atawhai aa pakeke noa.

tamariki pani
bereaved children, orphaned children

He mea atawhai e Te Puea te mahamaha noa iho o ngaa tamariki pani i Te Paina, i muri i te whuruu.

tamitami || nguu
silent, speechless

Kua tino kore rawa atu te tamaiti nei e koorero, he tamitami hoki.

tangara
unencumbered

Tangara kau anoo te haere a te tangata.

tangata whenua || hau kaainga
home crowd, locals, hosts

Ko te taane i moe ai a Toorere o te tangata whenua, ko Manaaki-ao te ingoa.

tangi koorero || apakura
call, cry and speak directly to the deceased whilst approaching him/her

Noo te taenga o Rangitaaiki ki te marae, ka tiimata te ruuruhi ki te tangi koorero ki tana huaanga kua moe i te kino.

tangihanga || uhunga
funeral

Kua haere ki te uhunga moo Tuupaahau, ka tuu te tangihanga ki Marokopa.

tango (-hia, -ngia) || 1. hoko
1. purchase, buy 2. remove, take away

1. E whaa tana riiwai, e 200 ngaa rohi, 100 pauna e pau ana hei tango pata, tiamu, huka hoki. 2. Noo te hokotanga o te whare i a maaua i reira ka paatai mai me e piirangi ana maaua ki te tango i te whare nei.

tangotango (-hia, -ngia)
remove repeatedly

Ka tangotango katoatia e ia ngaa kiko o runga, ka waihotia e ia ngaa wheua, ka tunua e ia hei hupa, koiraa ngaa maatou kai i ngeeraa waa.

tanguru
low resounding voice (typically of a male)

Ko te tanguru o ngaa reo taane i kaha rangona.

taniwha
water-dwelling guardian

Kei konei tonu te kaitiaki o too maatou awa, ki eetehi, he taniwha, aa, ki a maatou nei he kaitiaki.

tanuku
crumble

Ka tanuku! Ka tanuku! Ka horo te tihi o Maungatautari e tuu mai nei.

taokete
brother-in-law (of male), sister-in-law (of female)

Na, i noho maaua i Ngaatira, ko te mahi a taku hoa, he mahi mira i raro i tana taokete.

taonga || kura
treasure

Kua tae mai koe, teenei ngaa iwi e pupuru nei i te taonga nui o te ao, i te whakapono.

tapa (-a, -ina, -ngia)
to name

Ko teeraa ngaa koorero e moohio ana au, i tapaa mai ki runga i te marae nei.

tapa-aa-tai
seashore

Te manu naa Rua, naana i rere ngaa tapa-aa-tai i tua o tawhiti.

tapahi (-a, -ngia)
chop, slice, cut

E taea ana e koe te tapahi i waenganui kia tere ai te maroke.

tapahi harakeke
cut flax

Heoi anoo, i haere too maatou matua ki te keri awa, ki te tapahi harakeke, ki te hao ika hei oranga moo te whaanau.

tapatapahi (-a, -ngia)
chop up, cut up repeatedly

Noo te taenga mai o ngaa Paakehaa, ka tapatapahia nei ngaa waka.

tapeha
foreskin

Ka kotia te tapeha o te ure i eetehi whakapono o te ao.

tapepa || tapepe
falter, speak indistinctly or inarticulately, totter

Ka noho au, ka whakaaro au he aha rawa raa, aa taihoa ka whakaaro, aa koinei pea naa te tapepa o te reo, naa mehemea ka koorero i te waa e tangi ana ka tapepa rawa atu, nee raa.

tapepe || tapepa
falter, speak indistinctly or inarticulately, totter

He arero tapepe toona, ka puta kuunanu mai te koorero.

tapitapi || whakaiti
put down, belittle

Tiima Tautari he tiima karukaru, me tapitapi aa taihoa e. (W)

tapokotea
elders of wisdom

Kaaore i a au te hoohonutanga o eenaa koorero, kei te tapokotea kee e mau ana.

tapotu
be brought down to water

Tooia Tainui tapotu ki te moana, maa wai e too, maaku e too, maa Whakatau e too.

tara
vagina

He tara too te wahine, ka kiiia hoki he teke. He ure too te taane, he rerekee anoo teeraa waahanga i ngaa raho kei raro iho.

tara aa-whare
1. die of natural causes 2. wall of house

1. I mate tara aa-whare te koroheke. 2. Me iri rawa ngaa whakaahua i te tara aa-whare.

tara iti || kopa iti
narrow side of meeting house

Ka noho mai a Ngaati Te Wehi me ngana waha koorero ki te tara-iti o te whare i Ookapu.

tara nui || iho nui
wide side of meeting house

Kia noho mai ngaa manuwhiri ki te tara nui o te whare moe mai ai.

tara peeke || tera peeke
saddlebag

Kua whakaurungia atu i roto i ngaa tara peeke o te hooiho.

taretare || karukaru
raggedy

Taretare ana te puureke o Kapu, te aahua nei ehakee i te tangata.

taringa
1. earring 2. ear

He pounamu ngaa taringa o taku kuia.

taro maaori
yam

He pipi, he puupuu, he kuutai, he kuumara, he taro maaori ngaa kai a ngaa tuupuna.

taru || otaota
weeds, growth

Kei raro, kei waenga i te taru ngaa ngaangara.

taruhae || puuhaehae
jealous, envious

Ka taruhae a Apakura i te moenga a Whatihua i a Ruapuutahanga.

tarutaru kikino
pest plants, gorse

Kua murua hoki e te kaunihera ngaa whenua moo ngaa tarutaru kikino nei te take.

tatau || 1. kuuaha, whatitoka
1. door 2. count

1. E tomo, e koro, ki te tatau o te poo, ki Mirumiru te poo, ko te whare teenaa o Rua-kuumea. 2. Tatauria oo moni, ka peekehia ai.

tatuu || tau
settle, land, be resolved

Ka whakaaro a Tamainupoo me tae rawa i a ia tana tamaiti kia tohia e tana paapaa, e Kookako, kaatahi anoo ka tatuu ana whakaaro i te mea he taane taa raaua tamaiti.

tau
1. adept 2. year 3. be settled 4. darling

1. Ka haere tonu mai ia ki konei, aae, he tangata tino tau moo te eke hooiho. 2. E iwa ngaku tau ka mate too maatou whaea. 3. He mea teetehi, he riiwai, he kootero engari kaare au i pai ki teeraa kai, kaare nei au i tau. 4. E te tau, tahuri mai.

tau ariki
year of abundance

Kua mate te Motu i te hoari whakawai. He tau ariki te tau. (Naa Taawhiao)

tau iraia
year of abundance

He tau iraia te tau i te nui o te kai.

tau ngehe
year of calm

He tau ngehe te tau! Noo te ngehe hoki te tau! (Naa Taawhiao)

taua
that (mentioned previously)

Na, he muka, ka whatungia taua kete raa.

tauaa || taua
1. war party 2. mourning wreath of greenery

1. Kua tae atu te rongo ki a Whare tiipeti moo te ope tauaa. 2. Mau tauaa, mau parekawakawa ai ngaa waahine i ngaa uuhunga.

tauaroa || taungaroa
paramount chief

I huri haere a Maatene Te Whiwhi maa i te motu ki te tono i ngaa ariki tauaroa kia tuu hei Kiingi.

tauhou
1. strange, foreign
2. stranger

Ehakee i te mea he tauhou au ki a koe.

taui
sprain

Teeraa a Hotumauea te tohunga peke, ka taui ana, ka rare te tinana.

tauiirapa
move something by wheelbarrow or vehicle

Me tauiirapa koe i ngaa koowhatu.

tauiwi
foreigner

Ko te whaamere e noho ana i konei, aa ka tae mai a Tauiwi ka kii atu, aa me haere koutou ki te taone, maa raatou hei mahi ngaa whare.

taukumekume (-a) || tautohetohe
argue

Teeraa a Kapumanawawhiti raaua ko Tuuhourangi e taukumekume ana ko teewhea te kai pai ake, ko te wai, ko te huahua manu raanei?

taumarumaru
shelter

E kore ahau e noho taumarumaru moou, ko te ua anake o te rangi ka paa ki too pane.

taumata
1. summit, standard 2. a rite to weaken the enemy

1. E hoa, ko te taumata nui i teeraa waa ko te tae tonu ki te kura. 2. I ngaa whawhai o Aotea, ka ara te taumata e taakorekore ai te kaha o te hoariri.

taumau (-ria)
betroth

I haria mai au ki Tuurangawaewae, ka taakaia oo maaua ringa ki te harakeke, ka taumautia e te Kiingi, ahakoa kaare au i piirangi ki te taane raa.

taunaha (-hia, -ngia)
claim land

Ka tuhia i konei ngaa inahi, ngaa taunaha whenua, ngaa parekura, ngaa whakapapa, ngaa whakataukii hoki e paa ana ki ngaa uri o Tainui hei maatakitaki maa ngaa whakatupuranga o ngaa raa e heke mai nei.

taungaroa || tauaroa
paramount chief

E Io, e Rangi, tapaa mai raa taa taatou tamaiti,

he ariki taungaroa,
he kaahu taramoa.

tauranga || taunga
landing place

Naa maatou i puru te tauranga aropereina naa te mea he waahi tapu noo ngaa tuupuna.

taurangi
promise

I kii taurangi mai taku tupuna e kore e hokona te whenua.

tautau
dangle

E tautau ana ngaa raho o te koroheke.

taututetute || tautohetohe
quarrel

Maa te toopuu o te iwi, ka mutu te ngangau me te taututetute.

tauwharewhare
eaves, overhang

Kei reira raa, kei ngaa tauwharewhare e maringi ana te wai.

tawitawi
congested nose

E tawitawi ana a Runga-te-rangi, ka ngotea, ka tuwhaina ki waho.

tee || 1. kiihai 2. patero
1. no, not 2. fart 3. an utterance to emphasise

1. Teenaa tangata hoki! Tee whakaako ai i a koe ki ngaa waiata tika! 2. Ka tee ana a muri, pakepake ana! 3. Tee pai naa o ngoo kaakahu, ka ngangaro!

teenaka || teenaa
that (near listener)

Ko te ingoa o teenaka ko Ngataua.

teeneki || teenei
this (near speaker)

Koineki te tika moo teeneki waa me teeneki waahi.

teetehi || teetahi
a, one

He tangata aataahua, he tangata roa, i a ia i konei, ka haere atu teetehi rangatira o Raorao ki Kaawhia.

teewhea || teehea
which

Koinaa tooku moohiotanga, i haere mai ia noo Ngaapuhi.

teina
junior sibling or cousin of same gender

Na ka moe raaua, aa kaare raatou i whiwhi uri nee, na ka haere atu ka moe nei i te teina, na ka whaanau a Tuurongo.

teme || teke, tara
vagina

Ka paa kau te ringa o Kaihamu ki te teme o Tuuparahaki, aa, ka riro i a ia te kooingo ngaakau.

tenetene || teke, teme, tara
vagina

E ngau e, too tenetene! (Pao)

tenoteno || 1. atua piikoikoi 2. tara, teke, teme
1. clitoris 2. vagina

Ka kotia te tenoteno o te wahine i eetehi whakapono kia kore ai e moe taane anoo.

tero || nono, tou
bum

Too tero, e koo! E kore rawa atu au e whakarongo ki a koe.

tia (-ia)
adorn with feather

Ka tiaia te tamaahine a Taawhiao ki te rau huia, ka moohiotia ko Tiahuia.

tiakanga || tiakinga
care

Too tiakanga, maaramatanga, e te Atua, ki too maatou Kiingi, ki te kaahui ariki, ki ngaa tinana e maauiuitia ana, tae noa ki a maatou katoa i te raa nei.

tiaki (-na, -ngia)
look after, care for

Ka tiakina maatou e too maatou tupuna, e te whaea o too maatou matua.

tiamu
jam

Ka hopukina, ka whakahokia ki te kaainga, kua tahuri too maatou tupuna ki te mahi hupa, ka kohi parakipere hei tiamu.

tiemi
unsettled, jerk up and down

Ka tiemi te ngaangara ki te rua o te anuhe.

tihohe
loud, boisterous laughter, crack up laughing

Ka kata ana te ruuruhi, a Nora, tihohe ana te kata.

tii koouka || tii mauku
cabbage tree

I Taarewaanga, i Ootorohanga ka tare te kara i te tii koouka.

tii mauku || tii koouka
cabbage tree

Kia reka mai hoki te hua o te tii mauku hei kai maa Te Ihinga-aa-rangi.

tii whanake || tii koouka, tii mauku
base of young shoot of cabbage tree

Koowhakina ai te rito o te tii whanake, ka paera tahi me te miiti ngako hei kai.

tiihahuhahu || tiihahu
scattered, out of order

E hoa, kua waawau, kua tiihahuhahu te aahua o too pae i te hurirapa.

tiihore (-a, -ngia) || waruwaru, piira
peel

Ka waruhia te kao, ka tiihorea te kuumara hei whaangai i te iwi ki Rangiaowhia.

tiikinipaaki
chickenpox

Ko te tiikinipaaki teetehi mate e paa nei ki ngaa koohungahunga.

tiimata (-ngia, -ria)
begin

Ka kaumaatua ake au ka mate taku hoa, i a ia anoo e ora ana ka tiimata maaua ki te haere ki ngaa haere o Waikato.

tiimatanga || tiimatatanga
beginning

Ko te tiimatanga teeraa o te Poukai ki konei.

tiimatatanga || tiimatanga
beginning

Koia nei te tiimatatanga o te whare nei o Te Miringa.

tiimera
chimney

Ko runga tonu i te ahi, ko te tiimera tonu, koiraa tonu.

tiinaku
seeds of potato and kuumara

He mea whakatoo te tiinaku, he mea hauhake te riiwai.

tiinao (-a)
dig, hollow out by hand

Ka keria te rua raa kia hoohonu, kaatahi ka tiinaoa a roto.

tiini (-ngia)
1. chain 2. to change

1. Whakamaumaua ngaa kara, ngaa tiini ki too hooiho, ka whakamau hoki ki roto i te kooneke, ka haere ai. 2. Koiraa i tiiningia ai e ia teeraa kupu.

tiiori || ureure
stem, stamen, bracts (of kiekie)

Tooia te tiiori o te kiekie, he mea whiu ki rahaki naa.

tiiorooro
high-pitched noise, screech

Aii, tiiorooro ana
hoki too whio!

tiipako
an error in singing a traditional chant (missed or jumbled line)

I whakawhitiwhitingia, i ngaro raanei eetehi raarangi o te waiata, o 'Kaaore te rangi nei', naa konaa e kiiia ana kua tiipako.

tiipakopako (-ngia)
1. twist and snap off 2. cut off

1. Unuhia te aka naa Taane, tiipakopakongia kia makere iho mai. 2. Kaua e tiipakopakongia te hui.

tiipooporo
black stain in a teapot

Tau ana te tiipaata ki te teepu, ka kitea iho te tiipooporo.

tiiraha
lie flat (facing up)

I takoto tiiraha mai raa taku huaanga i taawaahi.

tiirau (-ngia)
1. sharp utensil used to pick out food 2. pick out food

1. Whakamahia ai te tiirau hei titi i te kupenga ki ngaa oneone o te wahapuu. 2. Tiiraungia mai he toroii, he tootiti whero raanei maau.

tiiraurau || tiipeeke
tea bag

Mehemea he tiiraurau anake kei a koe, mahia mai he kapu tii maa te tangata.

tiirou (-ngia)
pick out

Tiiroungia atu te karu o te puupuu.

tiitai (-a, -ngia) || whiu
throw

Ehakee te Poukai i te hui waawaahi puku, i te hui tiitai koowhatu raanei.

tiitiko || puupuu
periwinkle

Tiikina he ngira hei tiirou i ngaa tiitiko.

tiitoe (-a) || toetoe
split into strips

Ka tiitoe i te harakeke, ka whakatakoto ai ki te taha o te ahi.

tiitoetoe (-a)
split into fine strips repeatedly

Kia tiitoetoea naa, ka mahia e au te whaariki.

tiiwehewehe (-hia, -ngia) || wehewehe
to separate, divide

Ko eetehi ki a Whiti me oona whakahaere, ko ngaa taumata teenei. Naana i tiiwehewehe ngaa whakaaro me ngaa whakahaere o roto i teenei iwi tae mai ana ki teenei waa.

tiiwhera
slightly apart

E noho tiiwhera ana ngaa kuuwhaa o te wahine hei whakapooraru i ngaa whakaaro o te kaikoorero.

tika
correctness

Maa taatou hei titiro te tika o eetehi o ngaa mahi e mahia ana e ngaa Paakehaa.

tika tonu || matika
straight, directly

Kei te hokinga mai aa, hoki tika tonu mai ana i te waa kaainga.

tikareti || hikareti
cigarette

Ka kai ngaa mea kai tikareti, aa, ka kai anoo ngaa mea kai toorori.

tiki (tiikina)
go and get, fetch

Kaua hei haere ki te tiki kuutai.

tima
steamboat

Haria ai ngaa tuupaapaku i runga i te tima ki Taupiri, atu i konei ki Waikato, i te puuaha nei.

timotimo
nibble (of animals and people)

He kai timotimo noa nei, i te kore i huhua o te kai a Tauhaakari.

tinga || ngata
full stomach

Kua tinga te ngaarara i te nui o te kai.

tini || 2. maha
1. tin 2. many

1. I te tau i whakaritengia ai e raatou ka tatuu katoa, ngaa taha kua reri ki te mea i ngaa tini ki te maka ki runga i te whare. 2. Haere ki te tini me te mano i te poo.

tini rama
tin lantern

Tahuna te tini rama o te whare kia maarama ai te kite iho.

tinihanga || maaminga
1. trick 2. deceive, deceitful

1. He mea tinihanga noa iho teenaa, kaare i te pono. 2. He tangata tinihanga ia, kaua e whakapono ki ana koorero.

tinitini || mahamaha
many

He herenga teenei i roto i te kotahitanga o te wairua

ki ngaa taonga tinitini maha kei mua i tana aroaro.

tino tumuaki || arikinui, toihau
head, supreme leader

Ko Te Atairangikaahu koiraa te tino tumuaki i roto o Tainui waka.

tiotio
1. crater (in skin) 2. prickly puuhaa (sow thistle)

1. Titiro ki te tangata naa, kua tiotio te kanohi. 2. Araa te puuhaa, kua puunitanita, kua tiotio, tauromingia kia pai ai hei kai.

tira || roopuu, ope
group, travelling party

Ka tuu taaua, ka whai i te tira o too tupuna, o Whatihua.

tira kahurangi
esteemed group of people

I karangangia iho te tira kahurangi o Ueoneone i tau mai ki roto o Waikato.

tiratira
fins (of fish)

Ko ngaa waewae o Ruatapu he rite ki te tiratira ika, he tere ki te kaukau.

tiro whakapii
stare

I te kaha purotu o Ngaere, ka tiro whakapii a Heke-i-te-rangi.

tirohanga
1. view, sight 2. perspective

1. Mihia te hunga kua ngaro i te tirohanga kanohi. 2. E ai ki te tirohanga a te Maaori, ka hoki te wairua ki Hawaiki i te matenga o te tangata.

tirotiro (-hia, -ngia)
look repeatedly

Kei te ora tonu raatou engari teenei te aroha, kaare e hokihoki mai ki te tirotiro mehemea kei te ora tonu au.

titi (-a)
stick in, pierce

1. Ka titi tonu ngaua kupu ki te whatumanawa.
2. Whiti ki te tika. Whiti ki te ora. Whiti ki te rangimaarie, titia iho, au, au, auee haa! (Haka)

tito (-ngia, -tia) ||
1, 2. ruupahu, teka
1. tell a lie 2. a lie
3. compose

1. Kaua hei tito. 2. Kaare au e pai ki teeraa kupu – ko te tito hoki ki a maatou nei, he aha raa ki a koutou, he ruupahu pea, he teka pea, aa he aha raa, he tito nee, he tito hoki . . ., ehara i te koorero tika. 3. Haere mai

ki konei, titotia atu te poi naka kaare ia e moohio ana ki te koorero Maaori, e tuu atu koe, titotia atu raa.

tiwehenga || wehenga
division, section

Ko te take he nui noo ngaa tiwehenga i waenga i teenei iwi.

tiwha || 1. riwha 2. nawe
1. scar 2. call to arms, appeal for assistance in war (by a sent token or hint conveyed in a song)

1. Kua tiwha katoa ngaa kikowhiti i toona wharanga i tana motupaika. Kaare hoki i te mau koti kirikau i taua waa. 2. He mea tiwha e Wahanui hei whakaaraara pakanga.

toa
warrior

He toa a Te Rauparaha ki te whawhai.

toakipa
storekeeper

Ko ngaa toakipa, ko ngaa puutumeka, ko ngaa parakimete, ko ngaa peeke, ko eetehi atu aahuatanga i reira.

toe
to be left over, remain

Ka toe mai ko maatou tokotoru.

toenga || mahuetanga
remnants

Me tiaki ngaa toenga o te kuia nei.

toha (-ina, -ngia) || tuari
distribute

He kotahi marama ka puta mai te taraka hari miiti mai, wheua poaka, pane poaka, ngeeraa mea, naa ka tohangia ki teenaa whaanau, ki teenaa whaanau.

tohatoha (-ina, -ngia)
distribute frequently

Ko ngaa maatou miiti ka patungia he poaka, ka tohatohangia ki teenaa whare, ki teenaa whare o ngaa whaanau raa.

tohe (-a, -ngia) || tautohe
contend, disagree with, argue

Ka riiria atu, ka tohe tonu.

tohitohi (-ngia)
slice and dice (of vegetables)

He nui te mahi tohitohi hua whenua i ngaa kaauta o ngaa Poukai.

tohu (-a, -ngia)
1. sign 2. mark, indicate

1. Ka puta mai teenaa ika he paatiki raanei me toona nei aahua anoo, mehemea

he taha ki too whaanau, ka puta taua tohu nei, aa he ika. 2. Na, ka tohua ko taku paapaa hei maangai.

tohunga
spiritual leader, expert

Ko Te Raa te rangatira, araa te tohunga nui o Ngaati Rereahu i taua waa.

tohutohu (-ngia) || whakahau
1. instruct 2. instructions

1. Maau ahau hei tohutohu. 2. Whakarongo ki ngaa tohutohu moo te hii kahawai.

toi
trotter, pacer

He toi hoki taku hooiho reihi, engari, kaaore kau nei i toa.

toimaha || taumaha, taimaha
1. heavy 2. ill

1. E toimaha rukiruki ana te peeke e kii ana i te koowhatu. 2. Kua kaha te toimaha o taku tupuna, ka kii atu taku matua, kaare au e haere ki te kura.

toimahatanga || taumahatanga, taimahatanga
burden, heaviness

E piikau ana te whaanau i te toimahatanga o te haere ki te kooti ki te tohe moo te whenua.

toitoi
wart

He mea tootoo i te toitoi kia ngahoro mai i te tinana o Tapaue.

toka || koohatu, koowhatu
rock

He ruarua raa ngaa topehutanga o te toka.

toke || noke
worm

Kua rongonui ngaa iwi o Te Kauri moo te keri toke hei hii tuna.

toke kaanapanapa || puuraatoke
glow-worm

Kei Waitomo ngaa awa toke kaanapanapa e miiharo ai te manuwhiri.

toki
axe

Ka tapatapahia e tana huaanga aua wahie raa ki te toki.

toki miri || toki whakapai
adze used to refine

Ko Manu-taawhiorangi te ingoa o te toki miri, araa, o te toki whakapai i te waka o Tainui.

toki tua
felling adze

Ko Hauhautepoo te ingoa o te toki tua i te waka o Tainui.

toki waawaahi
splitting adze

Ko Paopaoteraa te ingoa o te toki taarai i te waka o Tainui.

toki whakapai || toki miri
adze used to refine

Ko Manu-taawhiorangi te ingoa o te toki miri, araa, o te toki whakapai i te waka o Tainui.

toko (-na)
lift a burden

Tokona te hee i ahau, e te Ariki, e te Atua.

tokomauri
1. hiccough 2. orgasm

1. Mehemea ka tokomauri tonu te peepee, ka mamae te uma. 2. Mutu ana te tokomauri a te taane, ka tunewha.

tokoreko
snub, disdain

He mea tokoreko e Te Huaki a Ngaatokowaru, heoi naawai ka ea.

tokowhia? || tokohia?
how many? (people only)

Tokowhia rawa ngaa tamariki a Maniapoto i ngana waahine tokomaha?

tomo (-kia)
1. enter 2. cave

1. Ko te taenga atu o Waikato ki te marae o Wharenui ki te tonga o Haawera, ehara ki te tono, engari ki te tomo. 2. Kei konei anoo eetehi o ngaa kooiwi, kei konei ngaa tomo kei tua o te koohatu nei.

tongi || tongikura
prophetic saying, inspirational statement, especially by a King or Arikinui

E whai kaha ana maatou i runga i te tongi a te iwi i tau nei ko maatou hei roopuu whakahaere i ngaa hapuu me te whakakaupapa i teenei taonga i mahara nuitia e Ngaati Maniapoto i roto i eenei o ngaa raa.

tongikura || tongi
saying, inspirational statement, especially by a King or Arikinui

Kia mau ki ngaa tongikura a te Kiingi hei aarahi i te anga whakamua.

tongitongi (-a)
nibble (of fish)

E tongitongi ana te ika i te moounu o taku

tautara hii ika, naawai,
ka mau i te matau.

tono (-a, -hia, -ngia)
1. request, appeal 2. send 3. invitation

1. Ka tono atu a Tuurongo kia hoki mai raaua ki Kaawhia kia haria mai tana iwi, naa ka hoki ai ki te whakarite whare moo raaua. 2. Kaatahi ka tonongia atu he tangata ki te kuia raa kia haere te kuia ki te kaumaatua raa. 3. Naa te Kiingi te tono kia tae katoa mai te motu ki tana hui moo te wai.

too
stove

Kua ngiha ngaa too a ngeetehi, ngaa too hiko nei.

tooii
alpine cabbage tree

He waahi kei Raakaunui e tupuria ana e te tooii.

tookeke
unyielding, unbending

Tookeke te mamae
kai torohuu ana i
roto raa e i. (WT)

toomua || maataamua
eldest sibling

Ko Kirimangu too maatou toomua.

toongaamimi || puku mimi
bladder

Rere ana a Toko ki te whareiti, kua kii raa hoki te toongaamimi.

toopuu
assembly, unified

I tiimata a Ngaa Marae Toopuu i te tau 1974 hei whakakotahi i ngaa marae i raro i te Kiingitanga, hei tuaraa moo te Kiingi.

toorori || tupeka
native tobacco

Ka noho raatou he tou toorori maa raatou taa raatou mahi, aa, e whakatupu toorori tonu nei.

toorua
change (of wind or current)

Maaku e whakamau ngaa tai toorua o te moana.

tootoo (-ia, -ngia)
drag (repeatedly)

Naa te hooiho i tootoo aa maatou kai i runga i te kooneke, aa hoki rawa mai ki te kaainga.

topa || rere
fly

E topa mai ana,
whakatau iho ana,
haere atu ana, e. (W)

topetope (-a, -hia)
cut, chop frequently

Ka kookiri atu a Raataa ki te ngahere ki te topetope raakau hei waka moona.

toremi || toromi
1. sink (of boat) 2. drown

1. I te taenga mai i waho nei i Aotea, i te puuaha o Aotea, ka toremi te waka. 2. Ka mate tana iraamutu i konei, ka toremi.

toretore || piikaru
discharge from the eye

Me horoi too mata i mua i te parakuihi, he toretore hoki i oo kanohi.

torohuu || muna
secret, secretly

Tookeke te mamae kai torohuu ana i roto raa ee i. (WT)

torokaka || torotika
straight (of hair)

He torokaka oo makawe, he puuhutihuti katoa ooku.

toronga
places visited

Koiraa ngaa toronga o teenaa kaumaatua.

torotoro (-ngia) || 2. wenoweno
1. to visit 2. runners of a vine plant

1. Engari taku haere ki ngaa moutere nei, heoi anoo he torotoro whanaunga ki ngaa moutere. 2. Tirohia a raro i ngaa torotoro o te tupu paukena.

totitoti
limp

E totitoti ana te hiikoi a Mea.

toto
blood

Ka wharo mai, aa pakaru mai te wai, ka pakaru mai te toto i te ihu, aa ka pai ake ai.

totohu
1. capsize, sink 2. point at

1. Ka taka i teetehi rangi ko te hoenga o Poo'...ka tae ki te puuaha, ka puta mai te ngaru, ka tahuri te waka, totohu tonu iho ki reira. 2. Te aro me te ringaringa i totohu ki te waahanga e haupuu raa, moo te taha ki a raatou i pahuu tonu atu ngaa paura, mura tonu atu.

totoka
1. solid, set 2. submerged in water

1. Ka roa te hinu poaka e noho ana, ka totoka. 2. I totoka a Mea, toremi tonu atu.

totoro (-hia, -ngia) || toro, whaawhaa
touch

Kaua hei totoro ki nga taonga, ki ngaa kai.

tou (-a, -ngia) || 1. nono
1. bum 2. steep in water 3. to plant

1. Kia tuupato koe, e tama, ka kikingia too tou! 2. Ka toungia ki roto i te wai kia puta ai hei kootero. 3. Ka noho raatou, he tou toorori maa raatou taa raatou mahi.

tou paranga
skid marks, shitty bum

E moohio ana i toona tamarikitanga i te kaha o te tou paranga.

tou taewa
plant potatoes

Ko te mahi i teenaa waa, he tou taewa.

toutou
dunk, dip (into water) frequently

E toutou ana a kuia i te rohi ki te hupa kia pai ai tana ngotengote.

tua (-ina)
1. beyond 2. cut down

1. Na, i tupu ake au ki Moorehurehu, he kaainga teenaa kei tua o Te Kuuiti. 2. Ka tuaina ngaa puihi e ngaa Paakehaa, ka tiimata te whakangaro haere o ngaa manu.

tuaahine
sisters, female cousins (of male)

Ko Hine-puanga-nui-a-Rangi teetehi o ngaa tuaahine o Raka.

tuaakana
senior siblings or cousins of same gender

Ko te whakatuutuunga teeraa a Wairangi i tana ope hei tiki i tana wahine. Ko ngaa toa o roto i tana ope ko ana tuaakana, ko Tamatehura me Upokoiti, me tana teina, me Pipito.

tuahine
sister, female cousin (of male)

Ko Waimiha teenaa, i whaanaungia au ki reira, kaatahi au ka whakahokia mai ki te tuahine o taku paapaa.

tuakana
senior sibling or cousin of same gender

Ka mea atu anoo ia ki tana paapaa, ko tana tuakana kee te mea tika hei tango i te rangatiratanga e tukua mai raa ki a ia.

tuaki (-na, -ngia)
to gut

Tapahia i runga ake o te tou i a koe e tuaki ana i te taamure.

tuaraa || tua, kaha
back, strength, support

Ko ngaa iwi o Ngaati Rereahu, o Ngaati Mahuta anoo eetehi o ngaa tuaraa kaha o Piupiu Te Wherowhero.

tuhahu || tiiwekaweka
untidy

Kua tuhahu katoa taku moenga i te pekepeke a ngaa tamariki i runga.

tuke || whatianga
elbow

I pahore te peha o toona tuke katau i tana hinganga ki raro.

tuku (-a, -na) || 2. tono
1. release 2. send 3. get off

1. I whai eetehi ki te whakahuri i ngaa whakaaro o Taawhiao, he pai kee tana tuku i a ia ki raro i ngaa tikanga o te kaawanatanga a te Paakehaa. 2. 14 pea ngaku tau, 13 raanei heoi anoo ko te hiahia o taku maahita he tuku i a au ki te *arts school.* 3. E tuku i te raakau naa!

tumu
1. stake 2. crown (of head)

Kei Maketuu te tumu o Tainui e takoto ana.

tumutumu || puumotomoto
fontanelle

Me aata tiaki te tumutumu o te upoko o te peepee, kei te waa ka koohungahunga rawa ka kati.

tuna
eel

Ka taka hoki i teetehi rangi ka puta te hiakai tuna o Apakura.

tuna tuoro
eel – dreaded and tapu

E kore te tangata e kai i te tuna tuoro, he tapu hoki, he tupua.

tunatuna
elvers

Te nui o te ika nee, moo te tunatuna neki, i ngaa tunatuna, heoi anoo haere whakarunga ake, maatotoru tonu, kua kore koe e kite e wheeraa ana te maatotoru.

tungaane
brother(s) or cousin(s) (of female)

Ka tapangia teeraa ingoa ki taku tungaane, ki te peepi o aku tungaane e rua.

tunu (-a, -ngia)
cook

Kua tangongia ake ngeetehi o ngaa huahua raa i roto i te *cream can*, kua panga atu ki roto i te koohua kai, na kua tunua atu he puuhaa, ngaa riiwai.

tupeka
tobacco

He tuumomo tupeka te toorori i whakatupungia nuitia raa e ngoo maatou maatua i te waa i a raatou.

tupinga
to tease someone, to deceive or to trick

Kaati te tupinga i a ia.

tupotupou
whales, dolphins swimming on the surface, or diving

He mea whakamiiharo te maatakitaki i ngaa tohoraa e tupotupou ana i te moana.

tupu (-hia, -ria)
grown, grow up

1. Kotahi anoo te matua engari he whaea anoo, he whaea anoo, whoi anoo ka tupu ake, ka kaumaatua raa a Whatihua raaua ko Tuurongo. 2. Kei a maatou tonu too maatou whenua kei te tupuhia e te tuutuupaahi.

tupuna || tipuna
ancestor, forebear, grandparent

Naa taku tupuna ahau i atawhai.

tupuna taane || tipuna taane, koroua
grandfather, male ancestor

Noo Tahaaroa too maatou tupuna taane, a Manukau.

tupuna tuarua || tipuna tuarua
great-grandparent

He tupuna tuarua teenei ki a au, ko taku maamaa he mokopuna tuatahi naana.

tupuna wahine || tipuna wahine, kuia
grandmother, female ancestor

Ko Nanny Piko te tupuna wahine, naana a Pita i poipoi i Tuurangawaewae.

tupuna whaea || tipuna whaea
grandmother

A, ka noho i runga i te marae kei konei, engari aku tuupuna, ko Te Rohe Piripi, koinaa te matua o Hua, aa ko tana tuakana ko Hoone Piripi, aa koinaa te matua o tooku tupuna whaea.

tupunga || tupuranga
growth

Na, kei te tupunga o ngaa kai kua haere ngaa whaanau

naa raatou i whakatoo,
koiraa tonu ngaa oranga.

tupuranga || tupunga
growth

Koiraa pea ngaa waahi me ngaa tupuranga ake i runga raa i te awa o Waikato.

turaki (-na)
demolish

Naa te kaumaatua o te whare, ka tohua kia turakina e te whaanau.

turi
deaf

Kaare koe i rongo i aku koorero, he turi noou.

turituri || tawetawee, hoihoi
noisy

Kia turituri mai hoki te ketekete a te kaahui kaakaa e reerere ana i runga.

turupana (-ngia) || makawhiu, whiu, maka
throw

Turupana te ika ki te manea,
kia uru haea. (Karakia)

tutu || haututuu
mischief

I teenei waa ki te ngare atu koe i ngoo tamariki, i oo mokopuna raanei eee he tutu rawa.

tutuki || ea, riwha
fulfilled, satisfied

Kaare i aata tutuki te kawa.

tutuku
knowledge passed down

Kia moohio ia ki ngaa tutuku o te iwi Maaori me maatua haere ki te tohunga, maa te tohunga ia e kawe ki te wai ka kiiia kua puta ia i te tohi ariki hei aha, hei hari i ngaa taonga toimaha o ngaa tutuku o te iwi Maaori.

tutungi (-a) || ngingiha
ignite

Me tutungi i te ahi kia mura mai anoo ai.

tuu marae
stand to speak on the marae

Ehara ia i te tangata tuu marae, kei te ahi kee e tuu ana.

tuu tahanga
stand alone

Ka aroha hoki au ki a maatou, ki a taatou raa i whakarerengia iho e oo taatou tuupuna kia tuu tahanga.

tuuaahu
place of offering, a sacred place of mounded earth where rites were carried out

E rua ngaa tuuaahu i whakatuuria ai i Kaawhia, ko teetehi naa Raka', ko teetehi naa Hotu'.

tuuaahua || aahuatanga
circumstance

Na, koia nei too maatou tuuaahua.

tuuaatea
trials, tribulations

Naa taua toopuutanga o eenei iwi i puta ai raatou i ngaa tuuaatea nunui o eeraa whakatupuranga.

tuukuku
horse mussel

Kaua e kumea mai te tuukuku ki waho i te paru. E karanga tuupuhi ana koe.

tuumanako (-ngia, -tia)
hope, desire

Ko te tuumanako i taku whakaaro kia kaha ngaa maatua ki te ako i te reo.

tuunga
standing place, stance, position

Ka mahi nei taku matua i taua whare iti nei moo maatou, engari noo te tuunga o teeraa hei nohoanga moo maatou i roto, ka tahuri ki te hanga i too maatou whare nui.

tuungaroa || tuarongo
the back wall of a meeting house

Waahia te tuungaroa o te whare, te whakaputanga moo te Kiingi, e!

tuungoungou
caterpillar

Hiinei te tuungoungou e tohu ana i te ahunga ki whea.

tuupaapaku || ika pirau a Tiki
body of a deceased person

Ko te reo karanga hei hoa haere moo te tuupaapaku, ana kawea ia ki whea raa, atu i te matenga, tae noa ki te nehunga.

tuupato
cautious, careful

Ko maatou hoki kei te tuupato i a ia, i te Paakehaa i mua atu i teenei Paakehaa, i piirangi ia ki te whakamaania i te waahi nei.

tuupeke
jump

Ka tuupeke noa atu ki runga i ngaa moenga, aha noa, he nui hoki ngaa mea peeraka.

tuupono || rokohanga
to chance upon, to come across

I tuupono atu au ki a Taawhiri i te Poukai inatahiraa.

tuupuhi || aawhaa, hauhau
storm

Heoi anoo, i hinga too maatou wharau i te tuupuhi, i te marangai i paa mai ki too maatou takiwaa.

tuupuhitanga || aawhaa, hauhau
storm

I waho i te moana, me tuupato i ngaa tuupuhitanga o te hau.

tuupuna || tiipuna
ancestors, forebears, grandparents

I reira maatou ko aku tuupuna, e rua tahi raaua.

tuupuna maatua || tiipuna maatua
ancestors, forebears, grandparents, parents

Naa ngaa tuupuna maatua au i moohio ai ki te reo, i moohio ai hoki ki ngaa tikanga.

tuuraahui || raahui
restrict

Kua tuuraahuitia te whenua e tata ana ki te aituaa.

tuuraha
keep away, keep clear, be separated

Naa eenaa kupu ka tuuraha a Wahanui, ka wehe mai a Wahanui i a Taawhiao me te iwi katoa.

tuuranga || tuunga, tuutanga
standing place

E tuu i te tuuranga o raatou maa kua ngaro i te tirohanga kanohi.

tuurangawaewae
footstool, standing place

Ko Arekahaanara tooku haaona kaha, ko Keemureti tooku oko horoi, ko Ngaaruawaahia tooku tuurangawaewae. (Naa Taawhiao)

tuurapa
recoil

Takaia whakarotohia te whaariki kia kore ai e tuurapa.

tuureiti || toomuri, takaroa
too late

Kua tuureiti, e te iwi, kua oma te hooiho.

tuurua || waenganui
midnight

Hei te tuurua o te poo, ka poouri kerekere te tau o te rangi.

tuutaki (-na, -ngia)
1. close (bring together)
2. meet

1. Tuutakina ngaa aarai kia kore ai a roto nei e wera i a Tama-nui-te-raa. 2. Koinei te waahi i tuutaki tuatahi ai maaua ko taku hoa.

tuutanga || tuuranga, tuunga
standing place

Haere ki te poo tuutanga nui o Pipiri.

tuutara || hiihaa, whakahaawea
1. defame, slander
2. defamatory, slanderous

I whuia mai te kupu tuutara i te marae, aa, i mate te paepae ki te whakahoki atu.

tuuturu || aae raa, motuhenga
1. An expression to affirm
2. true, real 3. permanently

1. Ani: Teee maha hoki o ngoo mokopuna!
Pita: Tuuturu! Ko te paa harakeke teenei te tupu whakaritorito nei. 2. Taku ingoa tuuturu, ko Iti, naa taku ruuruhi tuuturu i reehita, naa Rangihinemutu. 3. I Taupiri ka noho tuuturu a Wharetiipeti raaua ko Tapaue me oo raaua iwi ki Kaitootehe.

tuuturutanga
reality, truth

Naa Te Rata te koorero, 'He teitei rawa te ingoa o Keenana moo koutou, me noho koutou i roto i te pooharatanga.' Koia nei te tuuturutanga o te ingoa o te marae nei, o Poohara.

tuutuu
stand in sequence

I te korenga i uu ki te tauutuutu, ka rere te whakahau a te pae, 'tuutuu mai'.

tuutuupaahi
prickle

Kei a maatou tonu too maatou whenua kei te tupuhia e te tuutuupaahi.

tuuwaharoa || hiitakotako
yawn

Noo te aranga i te moenga, kua tuuwaharoa te tamaiti.

tuwhatuwha || 1. tuha
2. tuatua
1. spit out 2. type of shellfish

1. Ka kai ana koe i te pipi, me tuwhatuwha ngaa kirikiri, ka horomi ai i te kiko. 2. Kua rarahi ngaa tuwhatuwha o Kaawhia.

tuwhera || puare
be open

Heoi anoo ka tuwhera mai ngaa taringa i eetehi waa, i eetehi waa aa, naa, kua hurirapa anoo, hei aha tonu.

U

ua kauteatea
intermittent showers

Maaku tuuturu e tootoo mai ngaa maumaharatanga o te paapaa, o Tukau me he ua kauteatea, kia kauraka te puna o te koorero e maarari.

ua puunehu || ua koonehunehu
misty rain

Ko ngaa wairua e miioi ana i te ua puunehu.

uakaha || uekaha
vigorous, strenuous

Kia uakaha te haapai o te patu.

ue (-a)
clear a path

Uea waerea, waerea i uta, waerea i tai. (K)

uekaha || uakaha
vigorous, strenuous

Kia uekaha te haapai o te patu.

uene || huene, kuene
whine

E rongo ana i te uene a te koohungahunga, he kore noo tana whaea i hoko rare maana.

ueue (-a, -ngia) || ngaaueue
shake

Ueuengia ngoo kaakahu.

uhi (uuhia) || uwhi
cover

Ko ngaa haringa mai a Taihua, he ipu whakairo, he mea uhi ki te kahu waero, he mea pani hoki ki te kookoowai.

uhi taratara
barbed chisel for moko

Ko tana moko, he mea naa te uhi taratara i taa.

uhu || kuku
cramp

He mamae tonu te uhu o te waewae, waihoki, matawhawhati ana te paa mai i eetehi waa.

uhunga || tangihanga
funeral

Ka haere mai ka kite au i ngaa kuia e haere mai ana ki oo maatou uhunga ka noho me te tangi roa noa atu, kua tiimata noa atu ngaa whaikoorero, e tangi tonu ana, e tangi tonu ana.

uira || hiko
power, electricity (an old usage)

Ka tae mai te uira ki taku whare i muri i te taenga mai o te Paakehaa.

uma || taaraauma
chest

Ka paakia te uma e ngaa ringaringa hei tautoko i ngaa kupu o te haka.

unahi
scales

Wakuwakuhia te peha o te taamure hei tangotango i ngaa unahi.

unga (-a) || tuku
send

Ka ungaa a Taikehu e Hoturoa kia haere ki te aata titiro.

unu (-hia) || tango
remove

I unu au i aku huu i mua i te kuhutanga atu.

ura || kura, whero
red

Ura te raa, wewero te raa.

uri
descendants

Kaare kau ana he uri o te koroheke raa.

uru || tomo
enter

Kei wareware ki te unu i te tauaa o te pae mate, kaatahi rawa ka uru ki te wharekai.

uru mange
dreadlock

He tikanga noo taawaahi teenei mea te uru mange.

uru mookehu || hina
grey-haired

Me manaaki te uru pango i te uru mookehu i te waa o te kaumaatuatanga, o te ngehe.

urunga || 1. kuhunga 2. pera
1. entering 2. pillow

1. Te urunga o Ahituurama ki te paa, kaatahi ka haere atu ki raro i te puuhara, tuu ai. 2. E rua nei aku ringa, kotahi hei pera urunga, kotahi hei awhi mai. (W)

urupaa
cemetery

Ko te ingoa o teenei urupaa ko Takapuutiiraha. Koia teenei te okiokinga o ngaa maatua tuupuna.

urupare (-tia) || whakautu
official response

'E too ana i te ahiahi, e ara ana i te ata.' Koiraa te urupare a Taanirau ki te kupu a Pootatau noona ka kii, 'Kua too te raa ki ahau.'

uta (-ina)
1. load onto 2. ashore

1. E uta ana i ngaa mangoo ki runga i te waka. 150, e 200 atu ngaa mangoo e mau nei i a maatou. 2. Kitea

noatia mai te tuawhenua i Whangaparaaoa. Ka tata te uu mai, ka kitea ngaa pua o te poohutukawa i uta.

utauta || taputapu
plates, cups, cutlery, implements

Horahia te teepu ki ngaa utauta o te kaapata.

utu (-a, -ngia)
1. pay 2. price, cost

1. Ka mahue ake ngaa whenua i konei, kei eetehi, ka haere kua hokona ngaa whenua hei utu i ngaa whare. 2. Naa te hou rawa o tana motokaa, he nui te utu hei piikau maana.

utuutu (-hia, -ngia)
fill a vessel with liquid

Ka haapai koe i too waka, me utuutu kee ngaa ika i te tuatahi.

uu || pae
to land

Koinaa hoki te waahi i uu mai ai te waka naka, a Tainui.

uukui (-a, -ngia) || huukui
to wipe (anus)

E tai, kia tika too uukui i too tou kei puta he paranga i too tarau.

uwhiuwhi (-ngia, -tia)
sprinkle

Uwhiuwhitia too pane ki te wai o te puna raka.

waahanga
1. piece, section 2. time

1. Ka tirohia te waahanga i whakawehea moo te whare. 2. Kia ora katoa anoo taatou kua huihui mai i teenei waahanga.

waahi (-a, -ngia) || 3. waawaahi
1. portion, part 2. place 3. split open

1. Na, kei too mirakatanga ka tangongia teetehi waahi o too haki hei utu, ka mahue mai teetehi waahi. 2. I konei te waahi i takahia ai e ngaa tuupuna i te waa o te ora. 3. Ka herea e koe, me waahi e koe te harakeke.

waahi rua
split the sky (of lightning)

Teeraa te uira e hiko i te rangi, e waahi rua ana naa runga o Karioi. (WT)

waahi tapu
sacred place, site of significance

Kei ngaa koohatu nei, he waahi tapu katoa, kei raro nei.

waaka || wake
walk

Waaka ai maatou ki te kura, kaare he puutu, ka rere haere ana he kau kei te huarahi, kia mimi mai te kau, koiraa ngaa aahuatanga i ngeeraa waa.

waakena
wagon

I haere mai maatou i runga i ngaa hooiho, ko eetehi i runga i ngaa waakena.

waapu
wharf

Koia nei te waapu e haere mai ai ngaa tima i Onehunga.

waatakirihi
watercress

Kua ngaro ngaa mea e whakamarokengia nei, he waatakirihi raa hoki i ngeeraa waa, kua kore koe e kite i te waatakirihi inaaianei i runga i te awa o Waikato.

waatataiti
watertight boots

Naa te huumeka i mahi mai he waatataiti moo ngaa mea hii ika.

waatea
available

Engari mahi ai hoki i ngaa taima e waatea ana

nee, ka mutu, ka haere ki te keri awa, ki te aha raanei ki te mahi moni hei tango kai maa maatou.

waateatanga
availability

Koia raa taa maatou mahi i te waateatanga mai moo teeraa mahi.

waatene
warden

Ka rawe hoki ngaa waatene o Tuurangawaewae ki te aarahi i te iwi.

waawari
rush food

Noo te kitenga mai o ngaa manuwhiri, ka waawari te kai a Te Mangu kia puta ai ia ki te karanga.

waawau || wawau
foolish, crazy, silly, stupid

Aii, kua waawau noa iho ngaa koorero a te tangata raa.

waea
wire

Kei motu ngaa waea ki runga i ngaku taiepa, ka mate maatou ko aku tamariki.

waenga || waenganui
in between

Mehemea he papai ngaa raa, ka haringia ki waenga o te maara kai raa.

waenganui || waenga
in the middle, amongst

Kaare kau ana he Paakehaa i waenganui i a maatou i ngeeraa waa.

waerea
a protective incantation

Ka tata haere mai raatou ki konei, kei raro nei, kua waerea ngaa puukoorero.

waerihi || waearehe
wireless radio

Kua haria mai he waerihi maaku, te pai o teenaa waerihi, maa te hiko ka tangi.

waha (-a, -ngia) || piikau
carry on back or shoulders

E waha mai ana te ope i oo raatou mate kia whaarikihia ki runga i te marae.

waha papaa || waha pararaa
1. loud-mouth 2. yawn

Whakarongo ki te tamaiti takatahi nei, he waha papaa.

wahapuu
river mouth, harbour, estuary

Ko te awa teenei, ko Mangataawhiri teenei e koorero ake nei taaua,

ko te wahapuu teeraa . . .
ki te awa o Waikato.

wahie || wahia
firewood

Ka haere ki te mahi wahie i te tahataha o Waipaa.

wai koowharawhara
water gathered in a type of lily

He aha kei Te Nehenehenui? He poopokotea, he wai koowharawhara. (Naa Pootatau)

waihanga (-a, -ngia) || hanga
build, create

Koinei ngaa iwi i hoki ai ki te whenua i waihangangia ai e Tuumookai.

waiho (-ngia, -tia)
leave

Hei ono i ngaa mangoo kua puutikihia, ka waiho atu i reira.

waihoki || ka mutu
furthermore

Peeraa anoo hoki ngaa waahine tokorua i te haerenga mai i oo raaua nei kaainga. Kaaore rawa i tuukinotia i te huarahi. Waihoki, ko te paa o Whatihua, ko Manu-aitu, e kiiia ana kaaore he maioro o teeraa paa.

waimarie || waimaria
fortunate, lucky

Na, ka waimarie au i te mutunga o taku mahi i reira.

waaina
1. grape, vine 2. purple

1. Te piki, te waaina, te aaporo, te piititi, te pea, te paramu, me ngaa reemana, ahakoa i whea te marae, e hari ana raatou i eenei mea ki runga i oo raatou marae tupu ai.

waiora
life-giving water

I whaangaitia au ki ngaa waiora o te awa.

wai-paatootoo || wai tukituki
knocking waters

Ka peka mai ki konei he peeraa ana e pato ana, wai paatootoo.

wairangi
1. mesmerised 2. easily swayed

Wairangi kau ahau i te raa raumati, e. (WT)

wairere
waterfall

Ko te ingoa o teenei waahi o te wairere nei, ko Waitangi Falls.

waka
type of net

Ki te panga atu koe i too waka ki roto, kua matamata, . . . ka haapai koe i too waka, me utuutu kee ngaa ika i te tuatahi.

waka inu
drinking trough

Ko ngaa waka inu a ngaa manu, kia reri raa anoo, ana tae atu ki reira, aa ka noho teetehi i konei.

wakiwaki
scratching sound

E rongo ana koe i ngaa maikuku o te paihamu e wakiwaki ana i te tuanui o te whare?

wakuwaku (-hia, -ngia)
grate food, scrape (flax)

He wakuwaku kuumara te mahi a taku kuia, e puta ai he roi.

waniwani (-a)
scrape repeatedly, graze

Kikiki, kakaka kau ana. Kei waniwania taku tara... (Haka)

warea
overcome with

Kei warea koe e te moe i a koe e hautuu waka ana, ka whara koe.

wareware
forget

Ka moe nei a Taawhao i a Puunuiatekore, engari kua wareware au ki te ingoa o tana teina.

wari || ware
worry, concern

Kaare au e tino wari ki ngaaku tamariki, ki ngaaku mokopuna.

waro
coal

Engari a Te Rauaamoa, teetehi anoo o te kaahui ariki nei i reira e noho ana i te mea, he mahi waro, aae, noo Te Arikinui katoa hoki taua waahi.

waruwaru || wakuwaku
peel by scraping

I waho hoki raatou e waruwaru riiwai ana moo te Koroneihana.

wati
watch (timepiece)

Ko taku wati tonu e hautuu ana i aku mahi.

wawata (-ngia, -tia)
desire, dream

Naana hoki au i ako ki ngaa mahi, ngaa mahi i wawatatia ai e au.

wawau || waawau
foolish, crazy, silly, stupid

Wawau ana te tangata.

wehe || riro
leave, depart

Ka wehe mai maaua i reira ki Ngaatira nei naa.

wehenga || 1. wehetanga
1. departure 2. difference

1. I te wehenga atu o Te Rauparaha i konei, e, ka whakanohongia ngaa hapuu nei, ngaa iwi nei ki Te Tahaaroa. 2. Kaaore he wehenga i roto.

wehetanga || wehenga
departure

Noo te wehetanga atu o Ruapuutahanga, ka poouri a Tuurongo.

wehewehe
divided

Ka noho wehewehe raaua.

wehi || 2. mataku
1. awe, ultimate respect
2. fear, scared, afraid

1. Me wehi ki a Ihowaa, te tiimatanga o te whakaaro nui. 2. E haere ana, ka wehi au, ka haere au ki raahaki ki te titiro atu.

wehiwehi || mataku
fearful

Ka maaia au ki te koorero moo maatou, kaare au e wehiwehi ake mehemea e moohio ana au hei painga moo te kaupapa.

weku (-a, -ngia) || haro, kaku
scrape

Ka weku ngaa kuia i ngaa harakeke hei raranga aukaha moo te waka.

weno || torotoro
runners of a vine plant

Araa, kia kite mai koe i te weno o te aka.

wenoweno
young kamokamo

Me manomano mai ngaa wenoweno o te kamokamo kia huhua ai te kai.

wepu (-a, -ngia)
whip

Mehemea ka mau maatou e koorero Maaori ana, ka wepungia koe, kua whakatuungia koe i te kokonga.

wera
burned, hot

Naa, ko ngaa taangata kua wera, kua wera i te ahi.

wero (-hia, -ngia)
1. poke, prod 2. pierce
3. challenge 4. bite, sting (of insect)

1. E kore rawa au e tata atu kei werohia au e taku whaea. 2. Ki te werohia e koe te poihau, ka pahuu. 3. Ihiihi katoa ana te wero a te

toa. 4. I mangeo te kiri i te wero a te kutu i tana pane.

Weteriana
Methodist Church (Wesleyan)

I tiimata mai te Haahi Weteriana i konei, i Kaawhia, i te tau 1834.

wetiweti || moorikarika
disgusting, horrible, revolting

I wetiweti a Maanga i tana kitenga i te riko e takoto ana i te wharekai.

weuweu
1. plant (medicine), rootlet 2. fibre, creeper

Taka whitiwhiti, taka oraora, o ana huruhuru, o ana weuweu.

whaaereere || whaea
mother

He aroha whaaereere, he pootiki piripoho.

whaamere || whaanau, paamere, whaamare
family

He whaamere nui tonu teeraa whaamere a Rereahu.

whaanako (-hia, -ngia, -tia) || taahae
steal

Koinaa koe e mauhereheretia nei, he whaanako noou.

whaanau (-ngia) || whaamere, whaamare
1. born 2. family

1. I whaanau mai au i teenei taha o te awa.
2. E toru pea ngaa whaanau e whaa raanei ka noho ki te whakatoo kai.

whaanau pani || kirimate
bereaved family

Waiho atu ko taa te whaanau pani he tangi i te mate, he wahanguu.

whaangai (-a, -hia, -ngia, -tia)
1. to feed 2. foster, nurture

I whaangaitia au ki ngaa waiora o te awa o Mookau, aae, koia nei au e takatuu nei ki te koorero moo Mookau te take.

whaanui
broad, wide

Ko te tiimatatanga teenei o ngaa kaainga o te iwi whaanui o Waikato.

whaariki (-hia, -ngia, -tia)
1. mat 2. lay out

1. Ka uuhia ki runga i ngaa rarauwhe, na ko ngaa whaariki i raranga nei i te harakeke i runga ake, aana ko ngaa paraikete. 2. Haria mai ngaa pare kawakawa, whaarikihia ki ngaa rekereke o teenei e tiiraha nei.

whaatuitui (-a, -ngia)
to fold

Ko Nana Kahu te wahine hora i te takapou, ko ia anoo ka whaatuitui.

whaaura || haaura, tuuroro
sick person, patient

Ka kaawhakingia te whaaura ki te hoohipera.

whaawhaa (-hia, -ngia)
touch, feel

Kaaore i te tika kia puuhia te puehu whakairo, maa te whaawhaa ka ea.

whaawhaarua
gaps

Kua haere mai ngaa rangatahi ki te whakakii mai i ngaa whaawhaarua.

whaea
mother, aunty

Tiimatangia mai ai teenei karangatanga ki a maatou, ki too maatou whaea.

whai (-ngia, whaaia)
1. stingray 2. pursue, chase 3. obtain

1. Kore rawa au e tata atu kei werohia au e te whai.
2. Wheoi anoo, ka mihi atu ki a koe e whai mai nei i ngeenei koorero korekore mehemea he painga kei roto moo ngaa taatou tamariki.
3. I te mea i tupu mai ki reira tana tupuna, a Manutongaatea, e whai take tonu ana tana haere ki Marokopa.

whai tikanga
have meaning

Me tuu atu taatou ki roto i ngaa tikanga kia whai tikanga ai taatou.

whai wahine
court women

Ko taku tungaane i tukua ki te kura, kaare i roa kua moohio ki te whai wahine.

whaiaaipo || ipo, tau
darling

He waiata tangi moo tana whaiaaipo, nee.

whaikoorero || taki
formal speech

Kia moohio raatou ki te tiaki manuwhiri, aa heoi anoo ko ngaa taane, ki te whaikoorero, eeraa aahuatanga katoa.

whaitanga || whaainga
pursuit

Ko ngaa paa hei whaitanga, nee, o mua, koia teenaa.

whaitua
side, area

E kii ana, e karangangia ana koinei te pae o te hau-aa-uru, teenei whaitua o te awa nei.

whaiwhai (-ngia)
pursue repeatedly

E whaiwhaingia ana e taatou, e te iwi Maaori ngaa painga o oo taatou tuupuna maatua kia whakakotahingia ki runga anoo hoki i te kaupapa.

whakaae (-ngia, -tia)
agree

Ka whakaae a Taawhiao, araa ka whakaae katoa te iwi ki teenei take.

whakaara (-hia, -ngia)
to wake up, to rouse

Kaare au i whakaara atu i aku hoa.

whakaaro (-hia, -ngia, -tia) || huatau, mahara
1. thought, opinion 2. think

Ka panga katoa au i taku whakaaro ki roto, kaare au nei e noho, e hokihoki, mehemea ka rongo atu au i te tangata e koorero kino ana.

whakaatu (-ranga) || 1. kitenga
1. vision 2. to show

1. He wahine i roto i ngaa whakaatu mai ki a au. 2. 'He kootiro taku tamaiti', ka whakaatu atu i te aroaro kia kite mai i te kore o te ure.

whakaeke (-a, -ngia)
1. ascend 2. custom of adding money to a collection of monies to round it up

1. Noo te aonga o te raa ka whakaekengia e maatou te marae. 2. Ki te kore te koha e eke ki te taumata e tika ana, ka whakaekengia e ngaa kaumaatua.

whakaero
diminish, disappear

I te ata ka takoto te huka, te tio, ka whitikina e te raa, ka whakaero.

whakahaawea (-ngia, -tia)
to denigrate, belittle

He nui ngaa tikanga i whaaia hei whakahaawea i a taaua, i te iwi Maaori.

whakahaere (-ngia, -tia)
manage, organise, facilitate

Kei ngaa reanga pakeke inaaianei te whakahaere o too raatou marae.

whakahau (-a, -ngia) || akiaki
encourage

Tuupono atu a Ngaatokorua, korekore ana ngaa taangata i roto i te paa, ka puta tana whakahau me whakaeke i te atatuu tonu.

whakahemohemo || manawa kiore
close to death

Ko teenaa ingoa i ahu mai i te waa e whakahemohemo ana too tupuna.

whakahiihii || takatahi
boastful, arrogant, proud

Ka whakahiihii te tangata i ana moohio ki tana whakapaparanga nee, kua taati ki te kii mai, he huaanga ia ki te Kuini.

whakahoohaa (-ngia)
bother, annoy

Heoi anoo taa ngaa tamariki nohinohi, he whakahoohaa i ngoo raatou tuaakana i te waa e kori ana.

whakahouhou
revolting

Hei ngeetehi te whakahouhou, te kaha o te moomona, kei te tirohanga kanohi kee.

whakahuene || whakakuene
grizzle, whine

Kaua e tukuna te peepee tamaiti taane kia whakahuene ana, ka whaturama hoki.

whakahukahuka (-ngia)
make frothy

Ka whakahukahukangia ki te wai, ka meatia koe kia inu kia *gargle*, ki te horoi i te reo raa ki waho.

whakahuri (-hia) || panoni
change

I whai ki te whakahuri i ngaa whakaaro o Taawhiao, he pai kee tana tuku i a ia ki raro i ngaa tikanga o te kaawanatanga a te Paakehaa.

whakairi (-a, -ngia) || whakanoi
hang something up, elevate

Ki te mahi i ngaa harakeke aa, me koohua e koe, ka koohua, ka whakairi.

whakakai
earring

He mako, he riipene pango ngaa whakakai o ngaa ruuruhi.

whakakaupapa (-ngia, -ria)
lay out

He mea tika pea a konei ake kia whakakaupaparia te take i whakatuuria ai te Kiingi Maaori.

whakakeke || 2. ngau tuaraa
1. sulk, reluctant to speak
2. two-faced, backbite

1. Kua rerekee anoo ngaa kaupapa kua peenei raa te kaupapa, ehara i te mea kua whakakeke nei, titiro kua peenei maatou maa maatou anahe. 2. He tangata whakakeke te tangata raa, he ngau tuaraa te mahi.

whakaketo (-a, -ngia) || whakaweto
turn off

Whakaketoa te raiti.

whakakii (-a, -ngia)
fill

Maa ngaa rangatahi hei whakakii mai ngaa whaawhaarua o oo raatou kaumaatua hei toona waa.

whakakoi (-hia, -ngia)
sharpen

Kua moohio katoa au ki te mahi, kua whakakoi au i aku kani.

whakakopa
cross-legged

Me whakakopa ngaa wae.

whakakopi (-hia) || whakakapi
conclude, close

Kua whakakopia iho e au ki te hekenga mai o Tainui.

whakakorikori (-hia, -ngia)
cause to move

Ka noho taatou i reira hei whakakorikori, hei whakatikatika i a taatou.

whakakotahi (-hia, -ngia)
unite, unify

Ko te Poukai teetehi hui hei whakapuumau i te tautoko a te iwi i te Kiingitanga, hei whakakotahi anoo hoki i ngaa iwi i raro i ngaa maataapono o te Kiingitanga.

whakakotiti (-hia, -ngia) || rerekee
change, amend

Naa raatou i whakakotiti te ingoa nei.

whakamaa
ashamed, embarrassed

Kaare maatou nei i whakamaa ki te mau tarau he paati i runga.

whakamaamaa (-ngia, -tia)
make easy, lighten

Whakamaamaatia ake ngaa koorero kia maarama ai te katoa.

whakamaania (-tia)
flatten, clear land

I mua atu i teenei Paakehaa, i piirangi ia ki te whakamaania i te waahi nei.

whakamahana (-ngia, -tia)
make warm

Ka takoto i te poo aa, heoi anoo he ahi te mea whakamahana i a raatou, aa hii ake i te ata, aa kaatahi ka poroporoaki iho.

whakamaho
lie still

Whakamaho kau ana te tamaiti i runga i te moenga o te taakuta.

whakamamae (-ngia, -tia)
bring on labour

Kia tata te whaanau mai o te tamaiti, teeraa ka whakamamae.

whakamamaoa (-ngia, -tia)
to steam

Kia kore ai e kawa te koronae, ka tahutahuna te ahi, ka whakamamaoatia.

whakamana (-hia, -ngia, -tia)
empower, give effect or prestige to, confirm

Ka whakamana ngaa iwi o te motu i te tuu a Pootatau hei Kiingi Maaori.

whakamanamana (-hia)
self-aggrandisement

E pai ana ki ahau te whakahiihii, engari anoo te whakamanamana.

whakamata
the first line of weaving (of cloak)

Me oti katoa i a koe te whakamata o te kaakahu i mua i te toonga o te raa.

whakamau (-a)
1. fasten 2. stare, fixate 3. hold a grudge

1. Ka haere ki te hopu hooiho, ka whakamaumau i ngaa kara, i ngaa tiini, ka whakamaua ki roto i te kooneke. 2. Whakamaua ana ngaa kanohi ki te pouaka whakaata.
3. Moo te whakamau, kaaore i tua atu i a ia. Pahemo atu ana te tau, e whakamau tonu nei.

whakamoe (-a)
arrange a marriage

Ka whakamoea au ki te taane i reira.

whakamoho
1. covertly sneak 2. hidden, stealthy

2. Moo Tuu-te-mahu-rangi i koohurungia ai ki ngaa patu whakamoho a Wheto.

whakamookihi
go stealthily

Ka haere whakamookihi atu ki roto i te paa.

whakamutu (-a, -ngia)
make something come to an end

I whakamutungia ake au e taku kuia kia mahi i runga i te paamu a te Paakehaa.

whakanehe || whakanene
tease, cheek, goad

Kaua rawa e whakanehe, e raweke raanei i te kurii.

whakaneinei (-a, -ngia)
bounce on the knee

Tukuna mai taku mokopuna tangiweto, maaku e whakaneinei.

whakangahau (-ria, -tia)
entertain

Kaare i pai teeraa waiata hei whakangahau i aa maatou manuwhiri.

whakangako (-hia, -ria)
blow your own trumpet

Kaua maa too pae koe hei whakangako.

whakangangako (-ria)
give one airs

Kaare i te tika te whakangangako. Waiho maa te tangata e mihi!

whakangaro (-mia)
make disappear, dispel, destroy, put out of sight

E whakangaro atu ana te remu o te ope a Rakapare ki roto o Marokopa.

whakangau poaka
pig hunting

Ko te whakangau poaka, te patu tuna me te puhipuhi manu ngeetehi o ngaa mahi a ngaa tuupuna o te waahi nei.

whakangiha || whakakaa
turn on (light), ignite (fire)

Me whakangiha i te ahi kia mahana ai te whare.

whakanoho (-ia, -ngia)
make someone sit or live somewhere

Ki te hee te rere o ngaa koorero i runga i te pae, ka tiimata te ruuruhi i te waiata hei whakanoho i a ia.

whakanoho wairua
invoke spirit, calm spirits

Mutu ana te uhunga, kua haere te whaanau ki te whakanoho wairua i te whare.

whakanoi (-a, -ngia) || whakatairanga, whakairi
hang up, suspend

Ko ngaa mangoo ka whakanoia ki runga i ngaa maanuka.

whakanoinoi (-a, -ngia) || whakairi
hang up repeatedly

He nunui rawa atu ngaa tiimera o mua, ka tahuna atu he ahi i waenganui, naa ka whakanoinoingia ngaa ika.

whakanui (-a, -ngia) || whakamihi
honour, salute, celebrate, enhance

I te raa wairua o Taawhiao, ka hui tahi te iwi ki te whakanui i aana koorero tuku iho.

whakaoko || whakarongo
listen

Nei ngaa maramara koorero i puta, whakaoko mai raa.

whakaoti (-hia, -ngia)
make complete

Naana katoa teeraa waahi i whakaoti.

whakapaakanga || pootiki, pekepoho
youngest child

Ko Takihiku hoki te whakapaakanga naa Raukawa.

whakapaakehaa (-hia, -ngia, -tia)
1. follow European ways 2. translate into English

1. Ka whakamaa koe i ngaa mahi a te Paakehaa, kua whakapaakehaa koe i a koe, ka tupu haere ake ngaaku tamariki kua taati te wheeraa.
2. Whakapaakehaahia aku koorero ki te iwi raka, kia maarama ai.

whakapaamu (-ngia)
make into a farm

Ka whakapaamungia teeraa whenua, maatou ngaa kaimahi ka mahi i te whenua naa.

whakapahupahu (-ngia)
smash to pieces

He pika, he haapara, koiraa te mea ka whakapahupahu i ngaa waro, naa ka keri.

whakapaka (-hia, -ngia, -tia)
to dry (by sun)

Ka tae mai ngaa kuumara, ka kii te korotangi nei, ka whakapakangia ki runga ki te rarauwhe.

whakapapa || 1. taatai
1. genealogy 2. lay one upon another, stack flat

1. Kaaore maatou e whakaaengia e too maatou nei tupuna, kauaka koe hei moohio ki te whakapapa.
2. Me whakapapa ngaa kuumara ki roto i te rua korotangi kia noho pai ai.

whakapaparanga || whakatupuranga
generation

E tata ana ki te rua rau tau, e ai ki te whiriwhiringa iho ki ngaa whakapaparanga mai i a Kupe, ka haere mai a Toi, aa, uu tonu mai nei ki teenei motu.

whakapau (-a, -ngia) || whakapeto
spend, consume

Ka whakapau kaha te komiti me ngaa whaanau ki te whakatuu i te Poukai.

whakapehapeha (-ngia)
boast, ridicule

Ka whakapehapeha atu a Te Kanawa, e toru ngaa rangi,

he aha i porehe ai, ka hoake taaua i te ata haapara.

whakapiiruru (-ngia)
to cover, to shelter

Ka whakapiirurungia too maatou whare i ngaa tuupuhitanga o te hau.

whakapono (-ngia)
1. faith, belief 2. believe

1. I muri, kia mau ki te whakapono, kia mau ki te aroha, ki te ture, hei aha te aha, hei aha te aha. (Naa Pootatau) 2. Puumau ana te whakapono o ooku ruuruhi ki te kaupapa o te Kiingitanga.

whakaponotanga || whakapono
belief

Ka whakarite i a koe ki te wai, koiraa te whakaponotanga o maatou nei...koiraa tonu too maatou ora.

whakapooriro (-ngia, -tia)
bastardise

Ahakoa te rangatira o ngaa maatua, kua whakapoorirotia e te ngutu tapitapi.

whakapuaki (-na, -ngia)
disclose, reveal

He rawe te hunga e whakapuaki mai ana i oo raatou mahara e paa ana ki te pakanga.

whakapuhipuhi
give one airs

Kaati te whakapuhipuhi, e koo.

whakapungarehu (-ngia)
cremate

Kua whakapungarehungia ia, naa, ka haria mai ki konei ana pungarehu.

whakaputa (-ina, -ngia)
pronounce, express

Kia tika rawa i a au te whakaputa, kaatahi ai ka whakaae too maatou maahita.

whakapuuhoi (-ngia, -tia)
cause to slow down

I muri a Hounuku raaua ko Ngaataputuu e whakapuuhoi ana i te hoariri.

whakapuupuu || whakaara
bring forth

He wahine maatau a Puhiwahine ki te whakapuupuu i teenei hanga, i te koorero waiata.

whakarahi (-ngia)
make big

He moroiti rawa teenaa, whakarahingia atu.

whakaraki || whakararo
northward

E ahu whakaraki ana te waka.

whakarangatira (-ngia, -tia)
make noble

Teenaa mea hoki te whakapapa, me tuupato anoo, kei whakarangatira te tangata i a ia anoo.

whakaranu (-a, -ngia)
blend, mix

E kore te wai totetote e whakaranua ki te wai maaori.

whakaraparapa (-ngia)
attach

Ka whakaraparapangia atu ngaa whakairo, ngaa waituhi ki ngaa pakitara o te whare tupuna.

whakararo || whakaraki
downstream, northward

Kaatahi ka rukea atu ngaa kaanga ki roto, kaatahi ka tukua mai, ka keringia atu te wai i te awa, kia rere mai i runga, naa ka rere whakararo.

whakarere (-ngia, whakareerea)
leave behind

E kimi nei taatou i ngaa taonga i whakarerengia iho ai e raatou maa.

whakareri (-ngia) || whakarite
prepare

Ka tatari mai i reira ngaa kaumaatua, aa hii ake i te ata, ka whakareri te ope o Te Kooti.

whakarewa (-hia, -ina, -ngia)
raise up

Hei te whitu karaka i te ata ka whakarewaina te kara ki te pou.

whakarite (-a, -ngia) || karakia
1. lead assembly in prayer
2. do yourself with water

1. Maa wai taatou hei whakarite? Maa te Haahi Raatana! 2. I mua i too kuhu ki te moana tauhou, me whakarite i a koe. Tukua he wai ki ngaa hau e whaa ka kuhu ai.

whakarunga
upstream, southward

Te nui o te ika nee, moo te tunatuna neki, i ngaa tunatuna, heoi anoo haere whakarunga ake, maatotoru tonu kua kore koe e kite e wheeraa ana te maatotoru.

whakaruruhau
shelter

Haere mai koe, te whakaruruhau o ngaa waka, o ngaa kaihautuu

o runga i ngaa waka
moo oo taatou wairua.

whakaruupeke
cause to gather or assemble

Te hunga kua
whakaruupekengia
ki tua o te aarai.

whakataa || whakangaa
rest

Ka manaaki ia i a koe,
aa tae noa ki ngaa tau e
moohio ana ia, koiraa te tau
e whakataa ai too tinana.

whakataanuminumi ||
numinumi
conceal

Ka mene mai ngaa kete
kua whakataanuminumi
kee te whakangaro mai a
ngaa taangata a Tuupaahau,
aa, ka tae katoa mai ngaa
kete paapaka a te iwi raa
ki te paa o Tuupaahau.

whakataetae
competition

He whakataetae i roto i
ngaa raatou koorero.

whakataha (-ngia, -ria)
put to the side

Kua whakataharia ake ngaa
pai me ngaa taumahatanga
o te tau tawhito.

whakatahe (-a, -ngia)
1. miscarriage, abortion, severely deformed 2. clear away obstructions

1. Ko Tainui te tamaiti
whakatahe a Hinauri raaua
ko Tinirau. 2. I whakatahea
te awa kia rere ai te wai.

whakatakariri
frustrated, angered

E whakatakariri ana i te kaha
pooturi o te iwi ki te mahi.

whakatakatahi
give one airs and graces, show off

Aa, heoi anoo he
whakatakatahi i a koe,
he mea whakakoakoa
pea kia kaha ai koe ki te
koorero, ki te aha raanei.

whakatakoto (-ngia, -ria) ||
hora, whaariki
lay out

Heoi anoo, e haere tonu
ana i runga i ngaa kaupapa
kua whakatakotongia.

whakatamarahi
boast, brag, gloat

Waihoki ka whakatamarahi
ake a Tuutetawhaa
noona anoo teetahi
tino moohiotanga
nui o te whenua.

whakatametame
flaunt, strut

E haere ana ki ngaa kanikani
i a au e tamariki ana, i a au

e whakatametame ana, e haere ana ki te kimi taane.

whakatangitangi (-hia)
cause to cry or sound, cause distress

Ka whakatangitangihia atu e tana taane.

whakatara || 1. taunu, whakaiti
1. offensive, insulting 2. jest, joke with

1. Kaua hoki koe hei aro atu ki ngaa koorero whakatara. He puuhaehae noona. 2. Kua puuwherowhero katoa ngaa paapaaringa i te whakatara mai a te pukuhohe.

whakatare
look intently

Ka whakatare te kanohi ki te rerenga kaipuke mai ki Kaawhia.

whakatata (-ngia)
approach

E whakatata atu ana a Ruapuutahanga ki te kuurae i tua atu o Maketuu, araa ki Mata-tua.

whakataukii (-ngia, -tia)
proverb

Ka puta ai taua koorero raa ko te whakataukii hoki moo Whatihua, na ko 'Whatihua ringa kino'.

whakatete
cheeky

Me he koorero whakatete, maamaa noa iho taku koorero.

whakatika (-ina, -ngia)
1. prepare 2. to correct

1. Ko Ahituurama e tuu ana, aa e whakatika atu ana hoki ki te piki atu ki runga i te puuhara. 2. He pakeke tonu te whakatika i ngaa hee kua tangata whenua ki ngaa arero o eetehi.

whakatikatika (-ngia) || whakariterite
prepare frequently

Naana i whakatikatika te tono, i tonongia mai raa ki a ia, kia tatuu atu maatou ki Buckingham Palace.

whakatiki
deprive of food

E whakatiki ana te pouaru, hei te toonga rawa o te raa ia puta ai ki te kai.

whakatinana (-hia, -ngia, -tia)
embody

He maamaa noa iho te koorero, heoi anoo me whakatinana te koorero, e whai mana ai taua koorero.

whakatoko
dry retching or heaving

I te kaha kinokino, ka tiimata te whakatoko. Waimarie anoo, kaaore i ruaki.

whakatoo (-ngia) || ono
to plant

I kaha ngaa kaumaatua ki te whakatoo kai hei oranga moo ngaa whaanau e noho toopuu ana i te papakaainga.

whakatoonga || onotanga
planting, place of planting

I whakawaateahia te whenua hei whakatoonga kai.

whakatupehu || hiitekiteki (haka)
prance about (haka)

Whakatupehu haere ana a Paraaone i runga i te papa-tuuwaewae. Te tau hoki!

whakatupu (-ngia, -ria) || whakatipu
grow

Wheoi anoo, ka mihi atu ki a koe e whai mai nei i ngeenei koorero korekore, mehemea he painga kei roto moo ngaa taatou tamariki e whakatupuria ake nei.

whakatupuranga || reanga
generation

Maa eenei whakatupuranga ngaa koorero tuku iho e manaaki.

whakatuu (-ngia, -ria)
1. create, establish 2. cause to stand

1. Kua moohio au, he peeraa te whakatuu koorero e oti ai he kupu maau. 2. Ka wepungia koe kua whakatuungia koe i te kokonga.

whakatuuturu (-ngia)
make real

Me whakatuuturu taua koorero, aa heoi anoo raa me mutu ake i teenei waahi taku koorero moo te whare.

whakatuwhera (-ngia) || whakapuare
to open

I tonongia au e Muldoon kia haere ki te whakatuwhera i te whare.

whakauru (-a, -ngia)
put into

Kua whakaurungia atu i roto i ngaa tara peeke o te hooiho.

whakautu (-a, -ngia) || whakahoki
1. answer, reply 2. to answer or reply

1. He aha too whakautu? 2. Ka tangohia te puu a Taawhiao, ka mutu, kaatahi ka whakautua, aae kua tau te rangimaarie i waenganui i a taaua inaaianei.

whakauu (-ngia) || whakapuumau
make permanent, solid
Kia whakauungia ki roto i oo maatou ngaakau ngaa taonga i whakareerea mai raa e oo maatou tuupuna.

whakawahi (-a, -ngia)
anoint
I whakawahi te minita i a Kiingi Tuheitia ki te wai tapu hei whakauu i tana noho hei Kiingi moo te motu.

whakawahinga
the anointing
Naa Heenare Tuuwhaangai i karakia te whakawahinga o Te Arikinui, Te Atairangikaahu.

whakawairua
be represented by an insubstantial image
E whakawairua ana te waka i roto i te kohu.

whakawehe (-a, -ngia)
to set aside
Ka tirohia te waahanga i whakawehea moo te whare.

whakawhiti (-ngia)
go across
E whia kee ngaa tira kua whakawhiti atu ki Ingarangi, ki te kawe i ngaa nawe ki te Upoko Ariki o teeraa whenua.

whakawhitinga
crossing
Kotahi taku whakawhitinga ki reira.

whakawhiu (-a, -ngia)
1. oppress, to punish
2. punishment, oppression
Whakawhiungia ana ko ngaa Maaori e whiwhi whenua ana.

whakiwhaki (-na, -ngia) || whawhaki
pluck
Whakiwhakina mai ngaa rau o te kawakawa hei rongoaa moou.

whanake || tii koouka
cabbage tree
Te taenga atu ki uta ka huna i a ia ki roto i teetehi nehenehe, i te tahatika o teetehi awa ki te take o te whanake.

whanaunga || huaanga
kin, relative
He aroha ki ngoo maatou whanaunga, ki ngaa hoa, ki ngeeraa hoa koorero.

whanaunga tata
close relative
Na, ko te whanaunga tata anoo ki a raaua.

whanaungatanga || huaangatanga
relationship, relatedness

Koinaa te whanaungatanga ki te taha i teenaa kuia, ki a Puhiwahine.

whanawhanau || whaanaunau
give birth (multiple times)

Ka whanawhanau tonu mai eetehi atu i aua tau raa.

whanga (-a, -ia) || tatari
wait

Ka hoki mai ana ki te marae, ka whanga ki te karanga kia haere ki te kai haakari, e puta anoo ai ki te ao maarama.

whango
hoarse (voice)

Heke ana a Taniwharau i te papa whakataetae, kua whango ngaa reo i te haka.

whangowhango
hoarse (voice)

I te kaha o te paakiwaha inapoo, kua whangowhango te reo.

whara
injured, hurt

Moo te tiaki tangata, teenaa mea te taniwha, he tino tiaki i te tangata, me he mahi hee rawa, kaatahi koe ka whara.

whare maire
house of learning the art of weaponry and fighting

Ko Te Rauangaanga te tohunga o te whare maire i Te Papa-o-Rotu.

whare papa
house made of boards

Ko ngaa whare o naaianei ka hangaia ki ngaa utauta hou, ka tuu te whare papa.

whare puni || whare moe, tupuna whare
sleeping house

Na, koia nei too raatou marae, koinei too raatou whare puni, koinei ngaa whare.

whare taonga
museum

I haere katoa maatou ki ngaa waahi katoa moo ngaa waahi haaereere hei maatakitaki, ngaa whare karakia, ngaa whare taonga me te tahatika hoki.

whare tirara
frame made of supplejack and fern

He iwi tohunga a Ngaati Apakura ki te hanga whare tirara i te kareao.

whare tupuna || tupuna whare, whare nui
ancestral house

Ko Te Mookai-a-Korokii te whare tupuna i Mookai Kaainga.

whareiti || wharepaku
toilet

E moohio ana koe kei whea te whareiti? Kua kaha te karanga a puku koiangi!

wharo
1. cough 2. mucus or phlegm

Ka wharo mai, ka pakaru mai te wai, ka pakaru mai te toto i te ihu, aa, ka pai ake ai.

wharowharo || maremare
cough repeatedly

I te Takurua, wharowharo ana te iwi i ngaa ngaarara whakamaauiui e rere haere ana i te hau.

whata || paerewa
raised stand

Ka whakatakotohia ngaa kooiwi o te kuia ki runga i te whata.

whati
1. break (a song, stick, bone) 2. break away, branch off

1. Ko te ture matua o te mooteatea, kia kauraka hei whati. Me tutuki te waiata. 2. Kia tae atu te tira haere ki reira, ka whati atu eetehi i te roopuu matua.

whatitoka || kuuaha, tatau
door

Maarama mai i te tuungaroa, puta noa mai i te whatitoka.

whatiwhati (-a, -ngia) || whaatui
fold clothes, sheets

Whatiwhatia oo hiiti me oo kaka.

whatu (-ngia) || 2. karu, kamo, kanohi, mata
1. to weave (garment) 2. eye

1. I noho te ruuruhi ki te whatu i tana kaakahu. 2. He kikorangi ngaa whatu o too maatou ruuruhi, o Te Huamaanuka.

whatukuhu || ate, taakihi
kidney

Naa te mate huka, ka taamia ngaa whatukuhu, ka raruraru te rere o ngaa toto.

whatumanawa || manawa, ngaakau
heart

Kei te mau tonu i roto i taku whatumanawa.

whaturama
abscess, hernia

Tau ana te whaturama ki te kaokao, he mamae, he mamae.

whaturei
inner cavity, sternum

Kohae ana te kiri o Wharetiipeti, ka tau te whaturei, he kehokeho hoki.

whawhai (-tia)
fight

Koia ngeeraa eetehi o ngaa paa whawhai.

whawhaki (-hia, -ngia) || kohi kai
1. collect (of food) 2. pluck

Haere koe ki te whawhaki i ngaa kai i te maara a Paania.

whawhewhawhe
1. gossip 2. gas-bag

Wii, ngeenei waahine he ngutungutu ahi, he whawhewhawhe.

whea || hea
where

Ko whea te maunga e tautari mai raa?

wheekau || puukoro roke
intestine, internal organs

Maa te inu wai maaori e ora ai ngaa wheekau o te tinana.

wheenaa || peenaa
like that (near listener)

Ka kii mai aku tamariki, 'hei, kia itiiti te mahi kai', ka kii atu, 'aa kaare raa taatou e ora ki te wheenaa'.

wheenei || peenei
like this

Ka tangi taku tupuna, a Pahiwi, ka tangi kee au, kua whakarongo kee au i ana koorero he wheenei tonu i a au e koorero atu nei ki a koe nee engari tangi koorero ana, kua kore e kitea teeraa mea inaaianei.

wheeraa || peeraa
like that (away from speaker and listener)

Koiraa au e moohio ai, ooku moohiotanga inaaianei, he wheeraa nooku.

wheetero
poke out tongue

Kaatahi ka haamama atu te waha, ka wheetero atu te arero, ka kii atu ki teeraa, haere mai, tiikina mai.

wheetuki || paatuki
beat

E wheetuki ana te manawa.

wheewhee
boil (ailment)

Rapangia atu he rau karaka ki te wheewhee kia puta ai te pirau.

whengu (-a)
blow (the nose)

Pinea he aikiha ki te haate o Taamati kia pai ai te whengu i tana ihu i te kura.

whenua || oneone
land

I riro whenua atu, me hoki whenua mai. (Naa Te Rata)

whenua tuupuna
ancestral land

Kia kaha tonu ngaa tamariki, aa maatou rangatahi ki te hokihoki mai ki too raatou whenua tuupuna.

wheoi anoo || heoi anoo
however

Kua wareware i a au te ingoa o te waahi nei, wheoi anoo i haere atu i tae atu ki Kiritehere, na he waahi i karangahia nei ko Kaitangata.

wheua
bones (of people and animals)

He kotahi marama ka puta mai te taraka hari miiti mai, wheua poaka, pane poaka, ngeeraa mea, na ka tohangia ki teenaa whaanau, ki teenaa whaanau.

whia || hia
how many

Ka whia te manu! Ka whia te kai! Ka whia te moana! Ko Kaawhia e!

whiikaro (-ngia) || koko
to pick, scoop

Whiikarongia te mahuetanga a te hooiho, porowhiua ki tua o te taiapa.

whiikoi (-ngia) || hiikoi
walk

Koia ko Taikehu e whiikoi ana i ngaa paapaaringa-aa-tai ki Taamaki.

whiikoitanga || hiikoitanga, whakaritenga
preparations, activities

Ko taaku ki te whaanau inaaianei, whiriwhiria i te poo tonu nei kia moohio ai taatou he aha ngaa whiikoitanga moo aapoopoo, mehemea ka taupokingia aa te ono karaka, taupokingia.

whiingao (-a, -hia)
collect lyrics, words

E whiingao ana maatou i ngaa kupu a Puhiwahine hei whakarite waiata mai.

whiiroki || hiiroki, tuupuhi, pakikoke, pakekoki
skinny

Kua whiiroki te ruuruhi i te itiiti o ana kai.

whiitiki
small eel

He whiitiki te momo o te tuna puhi, araa, he moroiti.

whingowhingo
to poke at (with finger)

Kaati te whingowhingo i ngoo kai.

whiriwhiri (-hia, -ngia) || wetewete
contemplate

Teenei maatou, te pito ora, e whiriwhiri nei, e koorero nei.

whiro
willow tree

E tuputupungia ana ngaa tahatika o te Puuniu e te whiro.

whiti (-kia, -kina, -ngia)
1. shine 2. cross

1. Kia puta mai te raa i te maunga o Pirongia, e ka whiti ki runga i te kare o te wai, kaare e kite i te mangoo i a koe e tuu ana. 2. Ka whiti atu a Ruapuutahanga ki taawaahi o te awa.

whiu (-a, -ngia) || 2. mate
1. punishment 2. sickness 3. throw, pass 4. herd (cattle)

1. I wheenei tana koorero, 'e haere mai ana ahau ki te tiki mai i a koutou, kua tata ngaa whiu o te ao, e tata ana ka mutu te pakanga o te ao'. 2. I roto i ngaa maauiui, i ngaa whiu. 3. I tiimata taku kuia ki te whiu ika. 4. Kua whiu te heepara i ngana hipi.

whiunara || tangihanga
funeral

Ka tae ki te raa o te whiunara, ka taupokingia te waka tuupaapaku.

whiwhi || whai
get, obtain

Ko ngaa mea whiwhi moni e whiwhi waka ana.

whiwhi uri
bear children

Na ka moe raaua, aa kaare raatou i whiwhi uri nee, na ka haere atu ka moe nei i te teina, na ka whaanau a Tuurongo.

whoatu || hoatu
1. give (away from speaker) 2. go on ahead

1. He mea whoatu a Pipitewai hei taonga whakaea i te tautoko a Ngaati Mahuta.
2. Whoatu koutou, maa muri a mua hei whai atu.

whomai || homai
give (towards speaker)

Kua puta a Kiriwai ki te kimi kooura, ka whomai ki taku wai e huu nei.

whuruu || rewharewha
influenza (commonly known as the 'flu)

Kua aahua tamaahine ake nei pea taku kaumaatua i te waa o te whuruu.

Wii!
an expression to exclaim or show surprise

Wii, a Puhiwahine i haringia
atu ki Takaputiiraha,
i te tau 1944.

wiiwa
move about

Wiiwa ki Taupoo, ki a Te Heuheu, ka tono atu, 'E 'Heu, ko koe hei Kiingi?'

winimera
windmill

Ko ngaa kori hoki ko ngaa maatou nei kori i ngeeraa waa, e mahingia ana he raupoo hei winimera.

wiriwiri (-ngia) || 1. mirimiri
1. pulsing treatment (massage) 2. shake

1. Ki te mau te ioio kakii i te mamae, maa te wiriwiri nei pea ka tutuki. 2. E wiriwiri ana ngaa pona i te kaha o te maaeke.

witiwiti
freaked out

Aii! Witiwiti ana au
i taku putanga i te
whare poouri raka.

TE WAAHANGA TUARUA – NGAA MARAMA ME NGAA POO

SECTION TWO – MONTHS AND MOON PHASES

NGAA MARAMA O TE TAU

MONTHS OF THE YEAR

English month	Tainui 1	Tainui 2
June	Pipiri	
July	Hoongongoi	
August	Here-turi-kookaa	
September	Whaawhaarua-aa-tai	
October	Hiringa-aa-nuku	
November	Hiringa-aa-rangi	
December	Hiringa kerekere	
January	Rehua ponanui	Puutahi o Rehua
February	Ruihi-te-rangi	
March	Poutuu-te-rangi	Ngahuru-kai-paenga
April	Paenga-whaawhaa	
May	Haratua	

Tainui 3 (Meto Hopa)	Te Taura Whiri i te Reo Māori	Borrowed
Pipiri	Pipiri	Hune
Tokoroa	Hoongongoi	Huurae
Hereturikookaa	Hereturikookaa	Aakuhata
Mahuru	Mahuru	Hepetema
Koopuu	Whiringa-aa-nuku	Oketopa
Whitinaunau	Whiringa-aa-rangi	Noema
Haakiwhea	Hakihea	Tiihema
Rehua ponanui	Kohitaatea	Haanuere
Ruihi-te-rangi	Huitanguru	Peepuere
Poutuu-te-rangi	Poutuu-te-rangi	Maache
Paengawhaawhaa	Paengawhaawhaa	Aaperira
Tahi o Haratua	Haratua	Mei

NGAA POO O TE MARAMA

MOON PHASES

Tainui	Te Taura Whiri i te Reo Māori	Moon Phase	
Whiro	Whiro	new moon 1	
Tiire-te-ao	Tirea	2	
Oho-ata	Hoata	3	
O Uenuku	Ooue	4	
O Koro	Ookoro	5	
Tamatea	Tamatea-kai-ariki	6	
Tamatea-kai-ariki	Tamatea-aa-ngana	7	
Tamatea-waananga	Tamatea-aaioo	8	
Tamatea-aaio	Tamatea-whakapau	9	
Te Huna	Ariroa	10	
He Ariroa	Huna	11	
He Maawharu	Maawharu	12	
Maurea	Oohua	13	
Turu	Atua whakahaehae	14	
Whakahaehae	Ooturu	15	

Tainui	Te Taura Whiri i te Reo Māori	Moon Phase	
Raakau-nui	Raakau-nui	full moon 16	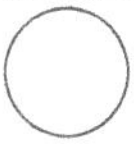
Raakau-maatohi	Raakaumatohi	17	
O Iki	Takirau	18	
Takirau	Ooike	19	
Korekore	Korekore te whiwhia	20	
Korekore-tuarua	Korekore te rawea	21	
Korekore-piri-ki-Tangaroa	Korekore piri ki Tangaroa	22	
Tangaroa-aa-mua	Tangaroa-aa-mua	23	
Tangaroa-aa-roto	Tangaroa-aa-roto	24	
Tangaroa-aa-waho	Tangaroa-whakapau	25	
Tangaroa-kiokio	Tangaroa-aa-kiokio	26	
Mauri	Ootaane	27	
He Mutu	Oorongonui	28	
Mutu-whenua	Mauri	29	
Takataka-puutea	Mutuwhenua	30	

TE WAAHANGA TUATORU – NGAA ORO

SECTION THREE – SOUNDS

aaki
slam of door
Te aaki o te kuuwaha

aapoopoo || kou kou
hoot of owl
Te tangi a te ruru

auau
bark of dog
Te auau a te kurii

haamama
yawn of mouth
Te haamama o te waha

haaparangi
yelling
Te haaparangi o te waha

hihii
hiss of kettle
Te hihii o te tiikera

hiirearea
indistinct noise
Te hiirearea o te taaone nui

hiirere
gushing sound of water
Te hiirere o te wai

hohoo
trickling of water from spout
Te hohoo o te wai
i te koorere wai

horu
roar of sea
Te horu o te moana

horuhoru
grunt of pig
Te horuhoru a te poaka

huhuu
hissing sound of hot pools
Te huhuu o te wai aawhaa

karekare
rippling sound
Te karekare o te wai

kekee
squeak, creak of door
Te kekee o te kuuwaha

kekee
rustling of leaves
Te kekee o ngaa
pakewhaa maroke

kekekeke
chattering of teeth
Te kekekeke o ngaa niho

ketekete
click of tongue to chivvy along a horse
Te ketekete a te tangata
e nuku ai tana hooiho

ketekete
chatter of birds
Te ketekete a te manu

kihakiha
panting
Te kihakiha a te tangata

kiihihi
rustling of leaves on tree

Te kiihihi o ngaa rau o te raakau

kiirea
screech of kaakaa
Te kiirea a te kaakaa

kokoo
rumbling of stomach
Te kokoo o te puku

koohamuhamu
whisper
Te koohamuhamu o te waha

koohimuhimu
whisper
Te koohimuhimu o te waha

koohumuhumu
whisper
Te koohumuhumu o te waha

koomuhumuhu
whisper
Te koomuhumuhu o te waha

kootamutamu
smacking of lips
Te kootamutamu o ngaa ngutu

koowhetewhete
whispering in the ear
Te koowhetewhete ki te taringa

korihi
chirping of birds
Te korihi a ngaa manu

koropuu
bubbling of water
Te koropuu o te wai

korowhiti whio
whistle from hand in mouth
Te korowhiti whio o ngaa ringa ki te waha

kotamu
smack of lips
Te kotamu o ngaa ngutu

kotokoto
squeak of mouse
Te kotokoto a te kiore

kuene
grizzling of child
Te kuene a te tamaiti

ngaaeheehe
cracking sound of dry leaves on ground
Te ngaaeheehe o ngaa rau i te papa

ngaehe
cracking sound of dry leaves on ground
Te ngaehe o ngaa rau i te papa

ngakeke
creak of floorboards
Te ngakeke o ngaa papa o te whare

nganga hau
panting
Te nganga hau a te tangata

ngangaa
loud cry of baby (tantrum)
Te ngangaa a te
peepee pukuriri

ngangara
growl of dog
Te ngangara a te kurii

ngangii
squeal of pig
Te ngangii a te poaka

ngaungau
chewing sound
Te ngaungau a te tangata

ngeengee
rattle in chest
Te ngeengee o te uma

ngengere
growl, snarl, whine of dog
Te ngengere a te kurii

ngetengete
clicking sound of eel
Te ngetengete a te tuna

ngii
hum of bee
Te ngii a te pii

ngo
grunt of pig
Te ngo a te poaka

ngoengoe
screech of kaakaa
Te ngoengoe a te kaakaa

ngongoro
snoring of nose
Te ngongoro o te ihu

ngotongoto
clicking of the tongue against the palate
Te ngotongoto o te arero,
Te ngotongoto a te tuuii

ngunguru
rumble of sea
Te ngunguru o te moana

ookaka
ribbet (frog)
Te ookaka a te poraka

paahuuhuu
popping of corn
Te paahuuhuu o te kaanga

paakorakora
sloshing of feet in bog
Te paakorakora o ngaa
waewae i te paru

paaoro
echo
Te paaoro o te pari
kaarangaranga

paaorooro
echoing sound
Te paaorooro o te reo i
ngaa pari kaarangaranga

paatootoo
knocking sound
Te paatootoo o te kuuwaha

pahu
bark of dog
Te pahu a te kurii

pakaia
slap of mouth
Te pakaia o te waha
i te reka o te kai

pakee
snapping of branch
Te pakee o te peka o
te raakau ka whati

pakeke
snap of fingers
Te pakeke mai a
ngaa matimati

pakepakee
crackling sparks of fire
Te pakepakee o te
ahi maanuka

pakipaki
clapping of hands
Te pakipaki a ngaa ringa

pakoo
clip-clop of hooves
Te pakoo o ngaa
maikuku o te hooiho

pakoo
boom of waves crashing
Te pakoo o te tai

pakoo
crack of whip
Te pakoo o te wepu

pakuu
bang of gun
Te pakuu o te puu

parere
bawling
Te parere o te maangai
ki te tangi

patero
passing of wind
Te patero o te tou

piopi
sound of a train – poop poop
Te piopi o te tereina

puhapuha
panting
Te puhapuha a te tangata

pupuhi
blowing of wind
Te pupuhi o te hau

puupaa
burp from chest
Te puupaa mai o te uma

raraa
rattle of loose iron
Te raraa o te rino o
te tuanui, Te raraa o
te wai i te waha

rorohuu
whiz of bullroarer

Te rorohuu o te puurerehua

tangi
cry of baby

Te tangi a te peepee

tangi auee
wail

Te tangi auee a te kuia

tatangi
peal of bell

Te tatangi o te pere

tiiorooro
screeching sound

Te tiiorooro o te tangi a te kaakaa

tiiwewe
shrill call (of woman)

Te tiiwewe a te wahine

tioro
screech of chalk

Te tioro o te tioka

tokomauri
hiccup of chest

Te tokomauri o te whaturei, paturei

tooterehoo
crow of rooster

Te tooterehoo a te tame heihei

turituri
noise of party

Te turituri o te whakangahau

uumere
cheering of people

Te uumere a te iwi

wawaa
indistinct sounds

Te wawaa o te wao nui a Taane

wawao
indistinct sounds

Te wawao o te wao nui a Taane

wheeorooro
rumble of thunder

Te wheeorooro o te whatitiri

wheo
ringing sound in ear

Te wheo o te taringa

whiowhio
whistle of train

Te whiowhio o te tereina

TE WAAHANGA TUAWHAA – NGAA KIIANGA

SECTION FOUR – PHRASES AND SAYINGS

aa roa noa
after a while

He kaauta i te tuatahi, aa roa noa, aa kaatahi ka tuu tuu teenaa wharekai.

ahakoa he aha || 'hakoa he aha
no matter what

Makuru ana te tupu, ahakoa he aha.

ahakoa peewhea || ahakoa peehea, 'hakoa peewhea
no matter what, no matter how

Koiraka te kawa o ngaa marae katoa, ahakoa peewhea.

ahi kaa
burning fire, keepers of the home fire

Ko te tohu teeraa o te ahi kaa.

ahi maatini
sacred fire

Tau ana mai te waa o te ahi maatini, ka hoohaa ake te whare takaha. Kua moomona hoki te kuukuu, te tuuii me te kaakaa i te huaraakau o te wao o Hurakia.

ahi mawhiti
person that has left his/her tribe and made a home elsewhere

Kua ahi mawhiti taku kuia i te rohe o tana taane.

aho tapu
first line of weaving in taaniko

Me oti rawa te aho tapu.

ahu ake || haere ake
forthwith, henceforth

Kia kotahi te whakaaro, te reo, ngaa whakahaere, me ngaa tikanga, tiimata atu i teenei raa, ahu ake.

ahurewa tapu
sacred platform synonymous with the Kiingitanga

E mihi ana ki a Kiingi Tuheitia Pootatau Te Wherowhero VII, e noho ake raa i runga i te ahurewa tapu o toona whaea, o ngoona tuupuna.

Aiii!
a word to express surprise

Na, ka noho ia ki te mimi i runga i ngaa toka, aiii, pupuu ake teenaa mea, te wai.

ao koohatu || ao koowhatu, neheraa
yesteryear, ancient times

He koorero eenaa noo te ao koohatu.

ao koowhatu || ao koohatu, neheraa
yesteryear, ancient times

> Ko ngaa pereti o ngaa
> mea o te ao koowhatu,
> kore rawa e mate.

arero paahekeheke || ngutungutu, kupukupu
1. slippery tongue 2. to run someone down 3. slanderous

> Kaare he niho o te arero paahekeheke, he whiunga kupu kee i runga i te wairua whakatikatika.

arero paaretireti || ngutungutu, kupukupu
1. slippery tongue 2. to run someone down 3. slanderous

> Ko te arero paaretireti, he whiunga kupu i runga i te wairua whakatikatika.

e aua || aua hoki
I don't know

> A. He aha raa te ingoa o te *passionfruit*?
> B: E aua, he hua pai!

E kii, e kii! || E kii raa!
You don't say! Is that right?!

> A. Kua hapuu anoo a Mere.
> B: E kii, e kii!

e koo maa || e hoa maa
friends (male or female)

> Unuhia oo koutou huu, e koo maa.

e koro
term of endearment (male)

> E tuu, e koro, i te tuuranga i tuu ai oo tuupuna.

e kui
term of endearment (female)

> Nau mai, e kui, e Roha, te kanohi ora o oo maatua, o oo tuupuna.

E nge! || Anaa too kai!
Good job! Take that!

> A. I meke mai a Tio i ahau naa taku whakatoi.
> B: E nge!

e ruhi || e kui
phrase to address an elderly female

> E ruhi e, peewhea ana?

e tai || e hoa (to a male)
phrase to address a young man, boy

> Maau too taaua waka hei taraiwa, e tai.

e tai maa || e hika maa
phrase to address a group of people that includes younger males

> Ka nui te mihi ki a koutou, e tai maa, naa koutou a muri i tiaki kia tika ai ngaa mahi o mua.

e whia raa || e whia kee nei
goodness knows how many

> E whia raa aa maaua neke haeretanga!

E whia tahi? || E hia tahi?
How many altogether?

E whia tahi ngaa tamariki i too whaanau?

Eeroo! || E nge!
Bummed you out!

A: Aii, kua hinga au i a koe.
B: Eeroo! Puku kau anoo!

eetia nei || anoo nei
as though, as if

Ko te tongi a Taawhiao – '. . . eetia nei he tupu hou'

ehakee i te mea || ehara i te mea
it's not as if

Ehakee i te mea he paatai tonu atu ki a Te Kooti, engari i runga i ngaa raarangi koorero a raatou . . .

ehakee i te mea he aha || ehara i te mea he aha
it's not a big deal

Ehakee i te mea he aha i tuu ake ai, engari e hari ana, e titiro ana ki te kawa.

ehara kau ake || ehara noa iho
it's not merely

Ehara kau ake i te mea i whakahaungia raatou ki te patu i a taatou.

engari koe he kai || kei tuu too ihu ki te kai
a saying to someone who sticks their nose up at food

A: Kaaore au e pai ki te toomato.
B: Engari koe he kai!

Ha!
What the . . .!

Ha! I peenei au kua tuu kee teenaa ki te koorero.

haarua whakaangaanga || rua tuupaapaku
burial cave

I roto i teetahi haarua whakaangaanga e noho ana ko te iwi whaanui, a Hoturoa maa.

haaunga [anoo/atu/raa]
not including, except, aside from

1. Kaare au e moohio naa wai te whakaahua nei noo naaianei noa iho aa haaunga anoo ngeeraa raa, me te ruuruhi nei haaunga eeraa, he tawhito eeraa.
2. Koiraa katoa te aahua o oo maatou maatua o teenei takiwaa, aa haaunga atu te takiwaa ki Moorehurehu.

haere tuu atu, hoki tuu mai || haere pai atu, hoki pai mai
safe travels

Haere tuu atu, hoki tuu mai.

hau aa-nehe || koorero o neheraa
famous stories from ancient times

Inamata he hau aa-nehe te koorero moo Whakatau.

he aha naa || kaupapa maha
etc., and what not

Na, he waiata, he aha naa.

He aha raanei?
Or what?

He tuakana teeraa ki a koe, he aha raanei?

he kaumaatua noa atu
much older

Engari te wahine nei he kaumaatua noa atu i a au.

He puku! || Puku kau anoo hoki
Got a cheek! (Idiom)

Hei aha maau te paatai mai! He puku!

he waa anoo || he waa toona
there will come a time . . .

He waa anoo ka kore taku tinana e kaha, ka mutu taku mahi.

he whaea anoo, he whaea anoo || he whaea kee, he whaea kee
different mothers

Kotahi anoo te matua engari he whaea anoo, he whaea anoo, whoi anoo ka tupu ake, ka kaumaatua raa a Whatihua raaua ko Tuurongo.

hei aha atu || hei ahakoa
don't worry about it

Hei aha atu, kua hainangia atu raa hoki e ia.

Hei aha atu maaku teenaa!
I'm not worried about that!

A: Teee pai e, e hoa, kaare he paruparu.
E: Aa, hei aha atu maaku teenaa!

Hei aha taau!
Never mind yours!

Hei aha taau e moko, ko taau he whakarongo ki ngoo ruuruhi.

hei ahakoa || hei aha atu
never mind, it doesn't matter

Kaua e aro iho ki te koohumuhumu a ngeetehi, hei ahakoa raatou he puuhaehae kee.

heoi [anoo/raa]
1. anyway 2. ah well 3. however

Ka noho i too maatou tupuna ka paangia e te mate, 14 pea ngaku tau, 13 raanei heoi anoo ko te hiahia o taku maahita he tuku i a au ki te *arts school.* 2. Kua koorerotia anoo e taku tuakana e Paakira Tutaki, ki te nuinga atu o teeraa waahanga, aa heoi anoo raa.

heoi anoo taau
all you have to do is . . .

Ooo he pai te hiko, kaare hoki he paruparu, kaaore hoki he aha, heoi anoo taau, he utu atu.

hii ake i te ata || ao ake i te ata
at dawn

Ka tatari mai i reira ngaa kaumaatua, aa hii ake i te ata, ka whakareri te ope ki te haere.

hoe koonukenuke
an unreliable person (figurative)

Engari anoo teeraa tangata, he hoe koonukenuke noa nei.

Hohoo!
an expression of admiration

Hohoo! Kia aataahua mai hoki oo kaka.

hoihoi tahi || turituri
be quiet, sshhh

Hoihoi tahi, e tama, e raru ana te paepae i too paakiwaha.

huhuu ana te haere || te tere o te haere, te parahutihuti o te haere
going fast

Huhuu ana te haere o ngaa wae o Te Toiroa Tahuriorangi.

hui katoa || toopuu katoa
in total

Ko taua aahua raa anoo, e 50 noa iho ngaa taangata, hui katoa, 100 rau i Rauiri, i Raoraokauere.

huri takapau || hura koowhatu
1. ritual similar to the present-day unveiling
2. custom to reintroduce a bereaved family to the community after a burial

Waiho atu ko te huri takapau hei te huringa o te tau tuatahi o te mate.

i mua raa anoo || i neheraa
a long time ago

I teenei taha o te awa, teee maha o ngaa taangata e nohonoho ana, aae i mua raa anoo.

i muri iho || i muri mai
afterwards

I muri iho o te pakanga, ka maunu ake a Waikato.

i muri mai || i muri iho
afterwards

Heoi anoo, i muri mai ka noho, araa e kite ana hoki au i a ia e tahu wai ana ki roto i ngaa oko.

i ngaa raa, i ngaa raa || i ia raa, i ia raa
every day

He taima moo te haere, i ngaa raa, i ngaa raa.

i ngeeraa waa || i eeraa waa
in those times

Ko ia te mea i tiaki i a maatou kia rarahi ake maatou i ngeeraa waa, e kiiia ana i ngeeraa waa te taima o te *slump* nee, ne he pakeke raa moo te mahi moo te moni.

i raro nei naa
was just down below here

Aae, i raro nei naa te marae, i raro nei naa.

i te take || naa te mea
because

Kaare e pai teenei whare kia tuu, i te take, kaare e tika ana ngaa aahuatanga.

i toona waa
at one time

Tino rongonuingia i toona waa.

i tua atu || i koo atu
further to

I tua atu hoki i teeraa, ka mihi atu anoo hoki ki too taatou kaahui ariki.

ika kino a Whiro
person who has been murdered

Aia! He mea koohuru nei te ika kino a Whiro.

ika moomona o te tau
1. chiefly person
2. pre-eminent dead person

Waiho koia ko Rakataura te ika moomona o te tau, moe mai raa.

inaa koa || ii koa (abrupt, rude form)
let me see

Inaa koa, he aha ngaa koorero i te niupepa?

iwi haere mai
imposing visitor, squatter

Kua tae teenei ki te waahanga o te huangatanga ki te tangata, ka mahingia he kai maa te iwi haere mai, aa ka kai te iwi.

ka haere whakarunga
travel, go upstream, against the current

Kaare e whai ana i te rere o te wai, engari ka haere whakarunga kee ake, ka kii atu au na ko teenaa taniwha i kii ngooku tuupuna ko Waiwaia.

ka mutu
1. what's more, also 2. The best!

1. Engari mahi ai hoki i ngaa taima e waatea ana nee, ka mutu, ka haere ki te keri awa ki te aha raanei i te mahi moni hei tango kai maa maatou.
2. Ka mutu koe, e tama!

Ka ngangaro!
That's better! That's more like it!

Ka ngangaro! Kua tika oo kaka inaaianei moo te poo kanikani.

ka ora taku ngaakau || hari, koa
happy, content, pleased

Oo kia pai, kaaa ora taku ngaakau.

ka roa || naawai raa
after a while, some time later

Koorero pono ana au i aku koorero, kaaa roa, ka kii mai, "utua taku paatai, e hine."

ka rori ki te kata
laugh out loud, LOL

Katahi au ka rori ki te kata!

ka taka i teetehi rangi
it came to pass one day (used when talking about an event in the past)

Ka taka i teetehi rangi ka haere a Marama-kiko-hura ki te takutai ki te kohi maataitai.

ka taka i toona waa
there came a time

Ka taka i toona waa, ka puta te whakaaro i a Tuupaahau kia mahue i a ia a Kaawhia, aa, kia haere ia ki Marokopa noho ai.

ka tau anoo || naa whai anoo
no wonder

He tamaiti purotu a Mahanga, ka tau anoo he tamaiti naa Tuuheitia.

ka tika mai
come straight

Ka haere mai a Te Kooti raatou ko tana iwi, ka tika mai maa reira, maa Puketoa.

ka whia || ka hia
there are lots, many

Ko Tainui anake ki konei, kaatahi ka utua e ngaa iwi i moohio, kaatahi ka koorero atu, ko teeraa moana, ka whia te ika.

kaaore hoki he aha
absolutely nothing

"Kaare au e pai ki teenaa mea, ki te hiko!"
"Ooo he pai te hiko, kaare hoki he paruparu, kaaore hoki he aha . . ."

kaaore hoki koia
it is indeed

Kaaore hoki koia te mamae tee mutu noa i te wiki tahi.

kaaore maau anoo
not for you to do

Maa te tangata koe hei kii he rangatira, he kuumara e hika, kaaore maau anoo.

kaaore tonu
indeed

Kaaore tonu, kia tirohia hoki he pai ngaa kai nei e, ngaa kahikatea nei . . .

kaare anoo || kaaore anoo
not yet

1. I te ata anoo kaare anoo i tino maarama rawa kua maranga au, kaare au i whakaara atu i aku hoa, i too matou whaea e, ka heke au ki te tai 2. Ahakoa ngaa whitiwhiti, whakawhitiwhiti koorero kaare anoo oo maatou take kia tatuu.

kaare e roa || kaaore e roa
not long

Aa kaare e roa ka ua, aa ka tuupuhi, aa huri mai ki teenei taha o te awa, na ka kite atu taatou e, he urupaa tawhito tahi.

kaare e taea
not able to

He koropuu, he tuunga riiwai, aa whakakiia ki te riiwai, kii atu, kaare e taea te kai.

kaare hoki e kore
no doubt whatsoever

Te wahine nei, he kaumaatua noa atu i a au, kaare hoki e kore kua mate noa atu.

kaare kau || karekau
absolutely not

Kaare kau, kore rawa atu, kaare i pai ooku maatua kia haere au ki teeraa mea.

kaare kau ana
nothing, has none

1. Ko aa raaua tamariki atawhai ko maatou, kaare kau ana hoki oona uri 2. Kaare kau ana he mea kino ki a au nei.

kaare kau tahi
nothing whatsoever

Ka moe maaua ko taku hoa taane, aa kaare kau tahi he hiko, naa taa maaua mahi hoki he miraka kau tahi.

kaatahi rawa atu
that's unbelievable

Kaatahi rawa atu te tuupeke o Hotumauea, ka whiti i te whaaruarua.

kaati raa i konei
let's leave it here

Noo reira raa, kaati raa i konei, i te waahi ki a au, kia tau anoo te rangimaarie.

kanohi ora
the living descendants

Aapiti hono, taatai hono, raatou te hunga mate ki a raatou, taatou te kanohi ora ki a taatou. Teenaa anoo raa taatou katoa.

kanohi wera || ringa wera
cooks

Ka mihi hoki ki ngaa kanohi wera e mahi mai raa i muri.

karu rewha
cross-eyed

Peehia tana pito, auee mamae, kia puta mai ai he peepi, he peepi karu rewha e, na na, ka kite koe!

kau moomona
greedy person

Kua mate i a au te kau moomona o te tau. (Naa Te Wahanui moo te kairuuri)

ki a maatou anoo te ritenga || kei a maatou anoo te tikanga
it is up to us, we have control over . . .

Kei a maatou anoo te ritenga moo aa maatou whakahaere.

Ki whea raa!
Where on earth!

Kia kino mai teenei whenua, kua ngaro au ki whea raa!

kia [pai] mai hoki || te . . . hoki
an expression to emphasise the quality of something, or lack thereof

1. Kia kaha mai taku moohio, nee? 2. Kia piro mai hoki te ika naa!

kia aata hanga koa
take it easy

A koe hoki me te tioro o too reo. Kia aata hanga koa!

kia horo || kia tere
hurry up

Kia horo e Hami, kua irirangitia taku manawa.

Kia kino mai! || Te kino hoki!
This is bad!

Kia kino mai teenei whenua, kua ngaro au ki whea raa!

Kia paanguu mai
What an imposition!

Kei te keeti ngaa kaihokohoko pukapuka e tiiwaha mai ana. Kia paanguu mai!

Kia pai! || Te pai hoki!
How good!

Ooo kia pai, kaaa ora taku ngaakau.

kiihai i aarikarika || he maha, kaaore i aarikarika
there was a lot

Ko ngaa kai, kiihai i aarikarika te tupu.

ko te take || naa te mea
because, the reason is

Kore rawa i taea, ko te take, kua paapaangia too maatou tupuna e te mate, ka noho ko ahau ki te tiaki i a maatou.

ko wai ake || me raatou
and whoever else

Ko Hepi maa, ko wai ake, ko wai ake.

Ko whea . . .?
What's the name of the place . . .?

Ko whea ngaa waahi i nohongia ai e raatou?

koia hoki teenei
this is actually it

Koia hoki teenei, kua haere ki te toru o ngaa raa.

koia naa || koinaa, ko teenaa
that is

Na, koia naa hoki te tuahine o te waiata.

koia nei || koinei, ko teenei
this is

Koia nei te tuunga o te whare tuatahi.

koia ngeeraa || ko eeraa, ko ngeeraa
those are

Koia ngeeraa eetehi o ngaa paa whawhai, i waenganui i te Paakehaa raaua ko te Wade.

koia raa || koiraa, ko teeraa
that is

Koia raa taa maatou mahi i te waateatanga mai moo teeraa mahi.

koia raka || koiraa, koia raa
that is

Koia raka tana hapuu.

koia teenaa || ko teenaa
that is

Koia teenaa teetehi maunga, te nunui o ngaa mea i mate ki konei.

koia teenei || ko teenei
this is

Koia teenei te tuna, te awa o te tuna.

koia teeraa || ko teeraa
1. that is 2. that's that

1. Na ka oti teenaa kaatahi anoo ka whatua anoo teetehi mea koia teeraa te puhipuhi o teeraa mea. 2. Na koia teeraa, kaare au i kite i a ia, mai i teeraa taima.

koia teeraka || koia teeraa, ko teeraa
that's how it was/is

I a maatou i te kura o te Te Koohanga koia teeraka, ki te mau koe e koorero Maaori ana, ka horoia too waha ki te hopi.

koia tonu
1. that's actually . . . 2. that's it, exactly, indeed

Ko te whenua nei, aa koia tonu toona ingoa, ko Waniwani.

konu atu
move it, get off, look out

Konu atu, kei whakatupuria koe e te maaheuheu.

koo atu || tua atu
beyond

Ko Waituhi kei koo atu o Miringa.

koo naka || konaa
there

Koiraka te koorero a te rata i mahi au ki te hooteera naa naa, mahi au ki koo naka i moe au ki konaa.

koorero ngaakau noa
off by heart

Ko ngaa Maaori kua koorero ngaakau noa, kua koorero ngaakau hei aha te pukapuka, i too raatou kaha ki te hopu i ngaa kupu tapu o ngaa karaipiture.

koorero pukapuka || paanui
read

Kua moohio noa atu raatou ki te koorero pukapuka, naa te mea i whakamaaoringia.

koorero tinihanga || koorero whakakatakata, koorero haatakeehi
jesting

Ka mutu, ka ara te koorero tinihanga hei whakakata i te iwi.

Kore atu! || Kore rawa!
No way!

Kii atu au, "kaare au e pai ki teenaa mea, kore atu!

kore au e pai
I don't like

Kore au e pai ki teenei mea, ki te *stranger* kia paa mai ki ahau.

kore rawa
never ever

Kore rawa au e tata atu, kei werohia au e te whai.

kore rawa atu
absolutely no way

Kaare kau, kore rawa atu, kaare i pai ooku maatua kia haere au ki teeraa mea.

kua hawa
full as a bull (after food), can't eat another bite

E hoa, kua hawa! E kore e pau i a au eenei kai.

kua kore
no longer

Kua kore te tamariki e haere ki te kohi parakipere inaaianei.

kua kore haere hoki
disappearing

Engari kua kore haere hoki aa maatou maataitai inaaianei, me ngaa ika kua kore haere.

kua kore katoa e . . .
absolutely no longer

Hei rere haere, wheenei i te hooiho nei, pikipiki rakau, kooretireti, kua kore katoa koe e kite i ngeenei rangi.

kua matemate katoa
have all passed on

Te nuinga o maatou kua matemate katoa.

kua mau hoki te rongo
peace was made

Ka whakahokia mai te puu a te kaumaatua, araa a te iwi katoa anoo hoki, te take kua mau hoki te rongo ki waenganui i te Maaori, araa i a Ngaati Maniapoto.

kua ngaro i te tirohanga kanohi
no longer seen amongst us

Noo reira raa teenei te mihi atu ki a raatou, raatou kua ngaro i te tirohanga kanohi, e mihi atu ana ki a raatou.

kua ngaro te tai
the tide is fully out

Kua ngaro te tai, kua timu katoa ki te moana.

kua pakaru te tero o te tiikaokao
hungry

Kua pakaru te tero o te tiikaokao.

kua pareho || kua pau
consumed

He nui te kai i te ata, kua pareho katoa i ngaa purari mokopuna nei.

kua pari mai te tai
full tide, the tide has come in

Kua piki mai te tai, kua pari mai te tai, na ka tuu ake a Ruapuutahanga i runga i te hiwi.

kua piki mai te tai
the tide has risen

Kua piki mai te tai, kua tata ki ngaa arapiki o te waapu.

kua rere te tai
the tide is flowing

Koia ko te ia o te mate, ka kiiia kua rere te tai.

kua riro i a Ngaro || kua ngaro
it's lost

A: Kei whea aku kii?
E: Kua riro i a Ngaro.

kua timu te tai || kua tumu te tai
the tide is out

Kua timu te tai ki a koe, e koro.

kua tuu ngaa tai
the tide is crashing

Kua tuu ngaa tai a Raakei mata taniwharau, hoki atu koe kei mate koe i taku hika mookai, ka poouri ai a Whatihua, ko tana huringa teenaa ko tana hokinga ki Aotea.

Maa teenaa ka aha?
By doing that, what will be achieved? What will that do?

Paki – Kua whakatau au, ka haere au ki te whare

whakapakari tinana kotahi te raa i te wiki.
Pita – Ai, maa teenaa ka aha?

mai anoo ki muri
from time long past

E whai nei i te tikangatanga hei painga moo taatou mai anoo ki muri tae mai ana ki teenei raa, ki ngaa waa katoa.

maitai
yummy

Maitai ana ngaa kina nei.

makuru ana te tupu
flourishing, growing in abundance

Makuru ana te tupu o te kuumara i te maara a Whakaotirangi.

manohi anoo
on the other hand

Manohi anoo a Te Kanawa i haere whakateuru.

me . . . ka tika
it is essential, appropriate

Ka koharengia ngaa puku, ka tapahia, e ko te kookii kei roto, he mea kei runga, me tango teeraa ka tika.

mea kau ake || taro kau iho
after a while

Mea kau ake ka tukua e ngaa waahine he karere.

mehemea ki te
if (future tense)

Waihotia maa Te Kooti teenaa waahi e tiimata, mehemea ki te tangi tana puu ki a taatou ko ia anoo te matenga. Na, kia manawanui.

moohio ngutu
shallow knowledge, insubstantial knowledge – but still has an opinion

Te purari kootiro nei. Moohio ngutu! Kaaore kau he moohiotanga, ka whakaputa koorero mai.

naa naa || kei konaa
over there, not far away

Koia teenaa a Raungaawari, te maunga naa naa.

naa reira || noo reira
therefore, so

Naa reira kaare au e moohio ko wai teeraa tangata.

naa te tou i whana ake
excreted out by the rectum / Little shits!!

Kaatahi anoo eeraa ka whakatau tikanga mai. E kii! Naa te tou i whana ake.

naau
because of you . . ., trust you . . .

Naau, ka kitea ngaa hapa i roto i taku tuhinga.

naawai aa || naawai raa
and eventually . . ., after a while . . .

Naawai aa, ka whakaaengia mai taku hiahia.

ngangaa te waha || he waha tiere
screaming, crying loudly, wailing

I te kitea mai o te tungaane ka mate, ka ngangaa te waha i te kino o te mamae.

ninaa ree || nei naa ree
over there, there

Ninaa ree, tiikina atu.

noo konei || naa konei
because of this

Noo konei hoki i uu ai te waka ki uta.

noo muri mai
afterwards

Ana noo muri mai ka tiimata too taaua koohanga reo nei.

noo muri noa mai
a long time afterwards

Noo muri noa mai ka puta ake he uri hei noho i ngaa whenua.

noo reira || naa reira
therefore, so

Na, i moe ia i teeraa, noo reira au i noho ai ki taku karanga whaea hei tiaki i a au.

o wii, o waa
two peaks seen in a vision to mark the landing place of the canoe

I te kitenga a Whakaotirangi i te waahi e tau ai a Tainui, ka kite ia i te o wii, i te o waa.

ora ana te ngaakau || harikoa
happy

Oo e tino ora ana taku ngaakau i te taenga mai ki konei.

Paipai ana!
How lovely!

Paipai ana te aahua o too taatou wharekai hoou.

pakapaka kau ana
burnt (of fire, of the sun)

E pakapaka kau ana au i te kaha whiti o te raa, kua where te kanohi.

para kore ana || kiri maroke
dry, boring

I a au i rongo, i a au e tupu ake ana mehemea kaaore kau he roimata, kua kiiia, “aa! Para kore ana hoki!” Heoi anoo, ko te waha anake e mea, mea, mea, mea, kaaore noa iho he aroha o roto.

peenaa || mehemea
if

Na peenaa he taringa oo raatou, kua rongo i ngaa whakamaarama.

Peewhea ai?
How does one (do an action)?

Ka noho maatou ko taku whaea ka kii atu, "peewhea ai te hopu ika?"

Pikopiko-i-whiti
a famous coral pass in Hawaiki

Ko Raataa i mate atu i Pikopiko-i-whiti.

poo takapau || poo mihimihi, poo whakamutunga
the night prior to burial when traditionally the body was wrapped

Hei te poo takapau ka rongo i ngaa koorero katoa nei moo te tangata i mate.

Puku kau [anoo/hoki]!
What a cheek!

Ko te puuremu e kauwhau nei i ngaa whakatekau a Te Atua! Puku kau hoki!

raa raa
over there (afar)

Raa raa te toa hei haere maau, kaaore nei i matara.

raa raa ree || araa, kei koraa
over there, look

Raa raa ree te taonga, kei mua i a koe e puukana mai ana.

ringa kino
industrious (figurative)

Ka patu ai taua koorero raa, ko te whakataukii hoki moo Whatihua, na ko Whatihua ringa kino.

taihoa koa
wait a sec'

A: E moko, maranga ki te horoi utauta!
E: Taihoa koa, e koro, me horoi piikaru i te tuatahi!

taka rawa i teetehi rangi
it came about one day/so one day

Taka rawa i teetehi rangi ka patua e Raka.

takapau i hurihia
the mat that has been turned

Takoto mai koe ki runga i te takapau i hurihia iho ki te mate.

takapau okioki
death mat

Koia te mate e tiiraha nei ki te takapau okioki, ki te atamira o aituaa.

takapau wharanui || takapau horanui
marriage mat

Engari anoo too tuakana he meamea moe hapupu, ko koe he mea puta i te takapau wharanui.

tangi te puu
cry of the gun

Ki te tatuu mai a Te Kooti ki konei kia kaua rawa teetehi o koutou e tangi te puu ki a Te Kooti.

Tau ana! || Too pai hoki! Too aataahua!
You look great!

Koia ko Kinohaku, he wahine e tau ana te aahua.

taua aahua raa anoo || heoi anoo
same old, same old

A: E peewhea ana, e 'ruhi?
E: Ai, taua aahua raa anoo.

te haaora
the hour of passing, one year later (Ngaati Hauaa, Maungatautari); the hour of passing, seven days later (Tuurangawaewae)

Ka pakuu te puu i te haaora i mate ai a Mea.

te ika ngohi
first to fall in battle

Ko te toa maana te ika ngohi, moona te korooria nui.

te paki o Hewa
fine weather

Noho mai koe i taau Paki o Hewa ki Hawaiki paamamao.

te rere o te wai
the current

Kaare e whai ana i te rere o te wai, engari ka haere whakarunga kee ake.

Te Rohe Porowhita || Te Rohe Pootae
The King Country

Me te whakahua anoo i oo maatou hapuu me oo maatou kaainga nohoanga i roto i too maatou rohe porowhita.

Te Roherohe Pootae || Te Rohe Pootae
The King Country

Ko too maatou takiwaa, ko Te Roherohe Pootae, he whenua Maaori, kaaore e moohio ki eetahi tikanga nunui e mahia ana ki konei.

te rua o Matariki
axis between the amo and maihi of a wharenui

Kua pao te whao ki te Rua o Matariki.

te take
the issue, the reason being

He painga hoki, te take, a Waikato, kaare i koorero i ngoo raatou nei hiitori, kaare i tuhituhi pukapuka i mua hoki he titiro.

te tohi o Uenuku
baptised as a warrior

I tohia iho nei te tohi
o Uenuku (WT)

te tohi taangaengae
baptised as a peaceful person

Ki te tohi taangaengae
te whatu o te aahuru
naa. (WT)

te waiora a Taane
sperm

Hoomai te waiora a
Taane kia maatinitini ai
te tau mokopuna takitaki
mate o Te Putu.

tee [maha]
emphasising the amount or quality of something, or lack thereof

I teenei taha o te awa tee
maha o ngaa taangata
e nohonoho ana, aae
i mua raa anoo.

teenei ngaa iwi
these are the people

Kua tae mai koe, teenei ngaa
iwi e pupuru nei i te taonga
nui o te ao, i te whakapono.

teeraa atu anoo eetehi koorero
there are other stories

Ka whakatuungia nei, i
te waa ka whakatuungia,
aa teeraa atu anoo eetehi
koorero maha atu.

teeraa te waa kei te haere mai
the time is coming

I rongo anoo koutou i taku
kupu i te tuatahi, i koorero
ai ki a koutou, teeraa te
waa kei te haere mai, ka
tuu he whare ki konei.

tiitaitai koowhatu
throwing stones, casting aspersions

Kaati te tiitaitai koowhatu
i runga i te kuuare.

too muri iho || te mea o muri iho
the one after that

Ka tuhia ngaa maaua
pukapuka moo ngaa kura,
ko too maatou tungaane
kaumaatua ko Napi, ko
ahau too muri iho.

Too roke! || Ngoo/Oo roke! Too tuutae!
You're full of it! Get stuffed!

A: E kui, homai too
penihana hei petipeti maaku.
E: Oo roke!

Too tenetene!
Up yours!

A: Kaare he kiko o oo
koorero i te marae.
E: Too tenetene! He
mahi pakeke tonu.

Too tero!
You're all shit!

Too tero hoki! E kore e
horo i a koe te hauhunga.

tua iti atu || tua tata atu
just beyond

Kei tua iti atu i te waahi whakamutunga i Tuuhua raa.

whakawhitiwhiti koorero
communicate, negotiate

Ahakoa ngaa whakawhitiwhiti koorero kaare anoo aa maatou take kia tatuu.

whiwhi uri || whai tamariki
produce, have children

Na ka moe raaua, aa kaare raatou i whiwhi uri nee, na ka haere atu ka moe nei i te teina, na ka whaanau a Tuurongo.

whoi anoo || heoi anoo
ah well

Kotahi anoo te matua engari he whaea anoo, he whaea anoo, whoi anoo ka tupu ake, ka kaumaatua raa a Whatihua raaua ko Tuurongo.

Wii! || Wiiare! Aiiare!
an expression of surprise

Wii, kia nui mai hoki too whare, e Whati'!

Ngaa Tohutoro
References

Introduction

Bibliography

Centre for Maaori Studies and Research (n.d.). *Te Taniwha o Waikato: Mite Kukutai.* (University of Waikato, Hamilton), inside cover.

Harlow R. (2007). *Maaori: A linguistic introduction.* New York, NY: Cambridge University Press.

Hond, R. (2013). *Matua te reo, matua te tangata. Speaker community: visions, approaches, outcomes* (Doctoral thesis, Massey University, Palmerston North, New Zealand). Retrieved from https://mro.massey.ac.nz/bitstream/handle/10179/5439/02_whole.pdf

Keegan, P. (2017). Maaori dialect issues and Maaori language ideologies in the revitalisation era. *MAI: A New Zealand Journal of Indigenous Scholarship*, 16.2: 129–42.

Minutes of Waikato Raupatu Trustee Company Ltd (Tekaumaarua), September 2005.

O'Regan, H. (2007). 'The language of identity.' In A. Panoho. 'K vs Ng'. *Karaka*, 36, 36–39.

Papa, P. (2018). *He puka aratohu mō te reo ā-tuhi o Waikato-Tainui me āna tukanga whakamāori: Guidelines for Waikato-Tainui conventions for writing Te Reo Māori and translation processes.* Takatū Associates Ltd.

Pōtiki, T. (2007). 'The language of identity.' In A. Panoho. 'K vs Ng'. *Karaka*, 36, 36–39.

Roa, Tom (2017). Personal communication.

Tirikatene, K. (2007). 'The language of identity.' In A. Panoho, 'K vs Ng'. *Karaka*, 36, 36–39.

Turner, Nganehu (2019). Personal communication.

Waikato Raupatu Lands Trust. (2016). *Tikanga Ora Reo Ora.* Hamilton, New Zealand: Print House Ltd.

Body of the book

Books and Manuscripts

Eketone, P., Orsmby, J. (1904). *He Kura Rere: Ko te kawenata o Ngaati Maniapoto me oona hapuu maha. He mea tuhi i raro i te mana o ngaa iwi o Ngaati Maniapoto.* Unpublished manuscript. Te Kuiti, NZ.

Jones, P.T.H., Biggs, B. (1995). *Nga iwi o Tainui: The traditional history of the Tainui people: Nga koorero tuku iho a nga tupuna.* Auckland University Press: Auckland.

Williams, H.W. (2000). *A dictionary of the Maori language*. Wellington, N.Z: Legislation Direct.

Wirihana, Aoterangi. (5.11.1882). Unpublished manuscript.

Ngaa Niupepa Maaori

Writings of Hari Hemara Wahanui, Hone Eketone, Pahere Wiari and Wahanui Huatare in the Niupepa Maaori collection.

The New Zealand Archive of Film, Television and Sound

Recordings of Aotea Moana, Bob Emery, Heeni Grant, Henare Tuwhangai, Hinerangi Hikuroa, Hori Nelson, Iti Rawiri, King Korokii, Nora Pikia, Pani Flavell, Puhiwaahine, Rua Anderson, Rua Cooper, Te Rauna Poukai o te Kiingitanga, Tui Adams, Tuti Aranui, Waata Hiakita.

Waka Huia Recordings

Rereahu: Iwi of the King Country. TVNZ, 12 April 1995. https://www.youtube.com/results?search_query=Rereahu

Te Rereahu Chronicles: A book containing stories relating to Ngaati Rereahu. TVNZ, 4 July, 2010. https://www.youtube.com/watch?v=w5yeS1WEI84&t=153s

Radio Tainui and Radio New Zealand Archives

Recordings of Pumi Taituha, Raureti Te Huia, Tui Adams, Rua Cooper and Bob Emery.

Waikato-Tainui Archives

Interview recordings with Aunty Gussie, Iti Rawiri, Kathie Sunnex, Mite Kukutai, Nora Huamaanuka Pikia, Rena Ngaataki, Heenare Tuuwhaangai, Pumi Taituha.

Ngaa mooteatea, waiata me ngaa karakia o Waikato-Tainui.

HE RAARANGI KUPU PAAKEHAA

ENGLISH TO MAAORI INDEX

a, one teetehi
a lot huhua, mahamaha, nunui
abandon maahuehue
abandoned mahue (-ngia)
ablaze mura
abortion whakatahe
abridged huripoto
abscess manatuu, whaturama
absolutely kau
accident hauata
ache koorangaranga
achieved riwha
activities whiikoitanga
add to taapiri (-hia, -ngia)
adept tau
adopt atawhai (-ngia), whaangai
adorn with feather tia (-ia)
adornment ata
advance kookiri
advance in column kawau maaroo
adze used to refine toki miri, toki whakapai
affect paa (-ngia, -tia), paapaa (-ngia)
affiliated to two tribes taharua
afraid mataku, wehi
age pakeke, pakeketanga
agile kakama
agree aamine, whakaae (-ngia)
agreement kirimina
alert matakana
Alexandria (former name for Pirongia) Arekahaanara
allowed aahei
alone kau
alphabet arapuu, puu-raarangi
alpine cabbage tree tooii
also tahi
although ahakoa, haaunga
amazing miiharo
ambulance amirana
ambush haupapa
amen aamine
amend whakakotiti (-hia, -ngia)
amongst waenganui
ancestor tupuna
ancestors tuupuna
ancestral land whenua tuupuna
anchor punga
anger takariri
angered whakatakariri
Anglican Church Mihingare
angry riri (riiria)
annoyance maakikoihanga
annoyed kiriweti
anoint whakawahi (-a, -ngia)
anointing whakawahinga
answer whakahoki, whakautu (-a, -ngia)
anxious hoopii, kaarangirangi
appeal tono (-a, -hia, -ngia)
appearance putanga
apprehension – can often be associated with Maaori illness hopo, hopohopo
apprehensive hoopii
approach whakatata (-ngia)
are not ehakee
area rohe, takiwaa, whaitua
argue ngangare, ngare (-a), taukumekume (-a), tohe (-a, -ngia)
armpit kaokao, keekee
aroma (not of perfume) haa
arrange a marriage whakamoe (-a)
ascend whakaeke (-ngia)
ashamed whakamaa
ashes pungarehu
ashore uta (-ina)
aspire for koronga
assemble poto
assembled mene
assembly toopuu
assistant to a tohunga or shaman taapaatai
asthma puruhau
at the same time tahi
attach whakaraparapa (-ngia)
attendant to the royal household haawini
audience minenga
aunty whaea
authority mana
availability waateatanga
available waatea
awakening ohonga
awe wehi
awe-inspiring kauanuanu
axe toki
baby peepee, peepi
back tuaraa
backbite ngau tuaraa

back of the head koohamo
back to front hurirapa, kooaro
back wall of a meeting house tuungaroa
bag peeke
baited hook for hooking eels and kookopu ngatire
baked hard pakapaka
baker peka rohi
bald paakira
bandy-legged hape
bang pakoo
bank peeke
bank of a stream aakau
banker mahi peeke
barbed chisel for moko uhi taratara
bark (of tree) peha
barrel kaaho
barren pakoro
barter piiho
base puutake
base of young shoot of cabbage tree tii whanake
basis puutake
basket (for food) rourou
basket for catching eels hiinaki
bastardise whakapooriro (-ngia, -tia)
bath tub taapu kaukau
battle pakanga (-ngia)
bay kokoru
be at a distance kaitu
be brought down to water tapotu
be caught mau (-ngia)
be dropped taka
be extinguished ngeto, weto
be extremely aggrieved kaikino
be healed mamahu
be left behind mahue (-ngia)
be open puare, tuwhera
be overgrown tupu (-hia, -ria)
be pinched kini (-ngia)
be reported or heard hau
be represented by an insubstantial image whakawairua
be resolute niwha
be resolved tatuu
be said, spoken meinga (-tia)
be separated tuuraha
be taken off (of clothes) maunu
be wed raa (-ngia)
be wrong papepape
bear children whiwhi uri
beard angiangi, paahau
beat patu (-a, -ngia, -tia), wheetuki
beauty (to the eye) aataahua, waiwaiaa
bed moenga
beg pakiki
begin tiimata (-ngia, -ria)
beginning kunenga, tiimatanga, tiimatatanga
belief whakapono (-ngia), whakaponotanga
believe whakapono (-ngia)
belittle tapitapi, whakahaawea (-ngia,-tia)
belligerent horetiitii
belt taatua
bend piko, pikonga
benevolence atawhai (-ngia)
bent (body) kopa
bereaved pani (-a)
bereaved children tamariki pani
bereaved family whaanau pani
beseech koronga
betroth taumau (-ria)
betting petipeti
beyond tua, tua iti atu, tua tata atu
bicker ngangare
biff (throw out) pou (-a)
big toe koromatua
bind together paihere (-ngia, -tia)
bite (of insect) wero (-hia)
bivalve mollusc kookota
bivouac puuhunga
black mangu, mangumangu
black stain in a teapot tiipooporo
blacken (with shoe polish or mud) pango (-hia), parikena
blacksmith parakimete
bladder toongaamimi
blanket paraikete
blend whakaranu (-a, -ngia)
blind kaapoo, pohe
blind eel piharau
bloated from overeating puku roke
block off aukati
blocked puru (-a, -ngia, -tia)
blond/blonde pane muka
blood toto

blow pupuhi (-ngia)
blow (the nose) whengu (-a)
blow repeatedly puhipuhi
blow up pahuu
blow your own trumpet whakangako (-hia, -ria)
blue kikorangi
boast whakapehapeha (-ngia), whakatamarahi
boastful takatahi, whakahiihii
bob up and down neinei
body (figurative) kaupapa, kiri
body of a deceased person tuupaapaku
body of cloak kaupapa
boil koohua, koropupuu
boil (ailment) koowheewhee, wheewhee
boil up pupuu
boil-up (food) koohua kai
boil water tahu wai
boiling huu
boisterous laughter tihohe
bolt (horse) kaawhaki (-na)
bone kooiwi
bones (of people and animals) wheua
boot puutu
born whaanau (-ngia)
boss paahi, rangatira
bother whakahoohaa (-ngia)
bounce panga (-a, -ngia)
bounce on the knee whakaneinei (-ngia)
bounce (ball) repeatedly pangapanga
boundary aukati
bountiful makuru
bow-legged hape
bowl oko
bracken fern rarauwhe
bracts (of kiekie) tiiori
brag whakatamarahi
brag pahupahu
branch off whati
brave maaia, maarohirohi
bread paraaoa
break (a song, stick, bone) whati
break away whati
break in pereke
break through pakaru
breaking through pakarutanga
breath haa
breathe ngaa
breathe heavily ngaangaa
breeze matangi
brief huripoto
bring kawe
bring forth whakapuupuu
bring on labour whakamamae (-ngia, -tia)
broad whaanui
broken into pieces paakarukaru
brother-in-law (of female) autaane
brother-in-law (of male) taokete
brother(s) or cousin(s) (of female) tungaane
bruised maruu
brush off (dirt) tahitahi (-a, -ngia)
bubble up pupuu
bubbles mirumiru
buck (of horse) taanapu
bud (flower) pua
build hanga (-a, -hia, -ngia), waihanga (-a, -ngia)
bullet kariri
bulrush raupoo
bum nono, tero, tou
bundle ruururu
burden toimahatanga
burial cave houhana
burn ngingiha
burn repeatedly tahutahu (-na, -ngia)
burned wera
burning tahu (-na)
burp kuupaa, puupaa
bush nehenehe, ngahere, wao
butcher piha, puutia
butterfly puurehurehu
buttocks papa
buy tango
cabbage tree tii koouka, tii mauku, tii whanake
cackle sound kotokoto
calabash tahaa
calamity hauata
call karanga
call to arms, appeal for assistance in war (by a sent token or hint conveyed in a song) tiwha
calling kaarangaranga, karangatanga
calm spirits whakanoho wairua
Cambridge Keemureti

candle kaanara
canine peropero
capsize totohu
capture hopu (-kina, -ngia)
care tiakanga
care for manaaki (-ngia, -tia), tiaki (-na, -ngia)
careful tuupato
carefully maarire
caregiver kaitiaki
carp (fish) kaapa
carpenter kaamura
carry kawe
carry (on back) piikau (-ngia, -ria -tia), waha (-a, -ngia)
carry about in the arms hikihiki (-na, -ngia)
carry off kaawhaki (-na)
carve taarai (-a, -ngia)
cask kaaho
cast aside ruke (-a, -na, -ngia)
catch hopu (-kina, -ngia)
caterpillar anuwhe, tuungoungou
caught first mataati
cause kaupapa
cause distress whakatangitangi (-hia)
cause to chatter noisily taakomakoma
cause to cry or sound whakatangitangi (-hia)
cause to gather or assemble whakaruupeke
cause to move whakakorikori (-hia, -ngia)
cause to slow down whakapuuhoi (-ngia, -tia)
cause to stand whakatuu (-ngia, -ria)
cautious tuupato
cave tomo
celebrate whakanui (-a, -ngia)
cemetery urupaa
central space in meeting house ihonui
centre passage of meeting house kauhanganui, kauwhanganui
ceremonial mat takapau
chafed pahore
chain tiini (-ngia)
challenge wero (-hia)
chamolia (leafy greens) koorau
chance upon rokohanga
change whakahuri (-hia), whakakotiti (-hia, -ngia)
change (of wind or current) toorua
chant takitaki
charm aatahu
chase whai (-ngia, whaaia)
chatter pahupahu
chattering of teeth kekekeke
chattering sound of birds ketekete
cheeks paapaaringa
cheeky whakanehe, whakanene, whakatete
chest taaraauma, uma
chickenpox tiikinipaaki
chief rangatira
chimney tiimera
chin kauwae
chipped (of crockery) riwha
choose kohari (-ngia), tiipako
chop tapahi (-a, -ngia)
chop frequently topetope (-a, -hia)
chop up tapatapahi (-a)
choppy taapokopoko
cigarette hikareti, tikareti
circumstance tuuaahua
claim land taunaha (-hia, -ngia)
clear maarama
clear a path of stones piirou (-ngia)
clear away obstructions whakatahe
clear land whakamaania (-tia)
cliffs paripari
climb trees pikipiki raakau
climbing pikihanga
climbing fern mangemange
cling piipiki
cling to piri
clitoris atua piikoikoi, tenoteno
cloak kahu
cloak made of kiwi feathers kahukiwi
cloak with taaniko border kaitaka
cloak with tassles (no feathers) korowai
close piri
close whakakopi (-hia)
close (bring together) tuutaki (-na, -ngia)
close relative whanaunga tata
close to death whakahemohemo
closing (of eyes) moenga
cloth koroihe
club foot hape, kopa

coal waro
coast takutai
cold anu, hauhunga, maatao
cold (not of food) maaeke
collar kara
collect aarau, kohi (-a, -ngia)
collect (of food) whawhaki (-hia, -ngia)
collect lyrics whiingao (-a, -hia)
collected emi
collection karapitanga
colour kara
colourful karakara
comb kaarau
combine aapiti
come to an end mutu, pau
commit adultery puuremu
commit incest kai kooiwi
committed piripono
commoner kaararoraro
compel aaki (-na, -ngia)
competition whakataetae
completed oti
compose tito (-ngia, -tia)
conceal whakataanuminumi
concern wari
concerns puunitanita
conclude whakakopi (-hia)
conclusion mutunga
confident maaia
confirm whakamana (-hia, -ngia, -tia)
confiscation line aukati
conflict raruraru
congested nose tawitawi
congregation minenga
consume whakapau (-a, -ngia)
consumed pau
consumed (emotional distress) kaikino
container for fluid ipu (-a)
contaminate (a cultural transgression) taaparuparu
contemplate ngiho, whiriwhiri (-hia, -ngia)
contend tohe (-a, -ngia)
contour aratau
contract kirimina
convergence puutahitanga
cook tunu (-a, -ngia)
cookhouse kaauta
cook whilst harbouring ill-feeling ringakawa
cooked maoa
cooked until crisp pakapaka
correctness tika
cost utu (-a, -ngia)
cough maremare, wharo
coughing wharowharo
count tatau
country motu
court women whai wahine
courtyard marae
cousin karangarua
covenant kawenata (-tia), mana whatu-aahuru
cover piiruru (-ngia), uhi (uuhia)
covered kapi
covert matakana
covertly sneak whakamoho
crab paapaka
crack up laughing tihohe
cradle cap (baby) paatito
cramp kuku, uhu
crater (in skin) tiotio
crawl ngaoki, roorangi
crazy waawau, wawau
cream panipani
create hanga (-a, -hia, -ngia), waihanga (-a, -ngia), whakatuu (-ngia, -ria)
creeper weuweu
creepy-crawly ngaangara, ngaarara
cremate whakapungarehu (-ngia)
crew of canoe kaumoana
crinkled perori
crippled hauaa
crooked perori
cross whiti (-kia, -kina, -ngia)
cross-eyed karu rewha
cross-legged whakakopa
crossing whakawhitinga
crowd around poo (-ngia)
crown (of head) tumu
crumble ngahoro, ngakongako, tanuku
cultivate ngaki
cultivation ngakinga
cup (of hand) kapu (-a)
cup (pannikin) paaneke
cups utauta

curly (of hair) koomingomingo, mingimingi
curse kanga, kohukohu
custom of adding money to a collection of monies to round it up whakaeke (-ngia)
cut motu, tapahi (-a, -ngia)
cut down tua (-ina)
cut flax tapahi harakeke
cut frequently topetope (-a, -hia)
cut off tiipakopako
cut up repeatedly tapatapahi (-a)
cutlery utauta
cycle rauna
cyst (benign) manatuu
damp haumaakuu, haumookuu
dandelion paarerarera
dandle hikihiki (-na, -ngia)
dandle (a baby) morimori (-a, -ngia)
dangle tautau
dangling taawerewere
dark kerekere, poouri
darling tau, whaiaaipo
dawning aonga
day raa (-ngia)
de-kernel (corn) koomuru (-a)
dead hinga, mate
deaf turi
death matenga, matetanga
deceive maaminga, matakana, tinihanga
deep thoughts kooingo
defamatory tuutara
defeated mate
defecate (of young child) tahora
degrade paakiki
deliberately maarire
delicious reka
demolish turaki (-na)
dense haranu
depart wehe (-a)
departure wehenga, wehetanga
deprive of food whakatiki
descendants uri
descent lines hekenga
desire kooingo, mate, piirangi (-tia), tuumanako (-ngia, -tia), wawata (-ngia, -tia)
destroy whakangaro (-mia)
devour kai (-nga, -ngia)
diarrhoea koiangi, koorari, kororere
diced meat kootutu (-hia, -ngia)
did not kiihei
die hemo
die in numbers matemate
die of natural causes mate tara-aa-whare
die out and blaze up again koowhekowheko
difference rerekeetanga, wehenga
difficult pakeke
difficulty raruraru
dig keri, tiinao (-a)
dig trenches keri awa
dig up (pipi) piirou (-ngia)
digress (change topic) koowhitiwhiti
dilemmas puunitanita
diminish whakaero
diminished mimiti, ngarongaro
dip into koongeri (-a, -hia, -ngia)
dip (into water) frequently taarukuruku, toutou
directly tika tonu
dirt oneone
disagree with tohe (-a, -ngia)
disappear whakaero
disappearance ngaronga
disappeared ngarongaro
disaster parekura
disc-like tool pulled by tractor or horse kiiwhi
discharge from the eye piikaru, toretore
disclose whakapuaki (-na, -ngia)
disdain koaro, tokoreko
disgusting wetiweti
dish makaka
dishevelled perori
disparage hahani
dispel whakangaro (-mia)
dispersed marara
distant matara
distracted pooauau, poorangi
distribute toha (-ina, -ngia)
distribute frequently tohatoha (-ina, -ngia)
district rohe, takiwaa
ditty pao (-a, -ngia)
dive ruruku
divide tiiwehewehe (-hia, -ngia)
divided wehewehe

division tiwehenga
dizziness taka aa-rangi, takaanini
do yourself with water whakarite (-a, -ngia)
docile rarata
dock leaf runa
don't kauaka, kauraka
door tatau, whatitoka
downstream whakararo
drag (repeatedly) tootoo (-ia, -ngia)
dragonfly kapokapowai
drawing up (of a line) hiinga
dreadlock uru mange
dream moemoeaa
dredge for shellfish maarau
dress penekoti
dried foods kookaa
dried kuumara kao
dried up mimiti
drink with a cupped hand koronae
drinking trough waka inu
drive out opa
droopy (of plants, flowers) ngiingii
drop off ngahoro
drown rumaki, toremi
dry and juiceless (of immature or old fruit) maaotaota
dry flax kookaa harakeke
dry retching or heaving whakatoko
duck in water rumaki
duck shooting puhipuhi paarera
dunk koongeri (-a, -hia, -ngia), taarukuruku
dunk (into water) frequently toutou
dwarf cabbage tree mauku
dwell together noho tahi
dwelling place nohoanga, nohonga
dye paru
dye (colour) karaka
dying speech oohaakii (-ngia, -tia)
ear taringa
ear wax piikako
earring mootoi, taringa, whakakai
earth oven taapii
ease off (of weather or emotion) taamuu
easily swayed wairangi
east raawhiti
eat kai (-nga, -ngia)
eaves tauwharewhare
echo kaarangaranga, paoro
echo or sound (spiritual) irirangi
echoing cliffs pari kaarangaranga
ecosystem koiora
eczema hiiwaiwai, kiriunahi
eel tuna
eel – dreaded and tapu tuna tuoro
eel weir rauwiri
eeling patu tuna
eeling by firelight or torchlight rama tuna
effigy pakoko
effluent rokeroke
either raanei
elbow tuke
elderly male koroheke, koroua
elderly woman who sits at the feet of the monarch haawini
elders of wisdom tapokotea
eldest maataamua
eldest sibling toomua
electricity (an old usage) uira
elevate whakairi (-a, -ngia)
elope kaawhaki (-na)
elvers tunatuna
embarrassed whakamaa
embers ngaarahu
embody whakatinana (-hia, -ngia, -tia)
empower whakamana (-hia, -ngia, -tia)
encourage aaki (-na, -ngia), whakahau (-a, -ngia)
end mutunga, pito, taapae (-a, -ngia)
endemic tree taawari
enemy ito
enhance whakanui (-a, -ngia)
enjoy ngaakaunui
enlightenment maaramatanga
enough nawhe, rahi
enraged riri (riiria)
ensnare aahere
enter hou, tomo (-kia), uru
enter into kuhu (-na)
entering urunga
entertain whakangahau (-ria, -tia)
enthusiastic rikarika
envious taruhae
error in singing a traditional chant tiipako

eruption huu
escort bride to her groom kawe wahine
essence haa, hau
establish whakatuu (-ngia, -ria)
esteemed group of people tira kahurangi
estuary paru moana
even ahakoa
event raa (-ngia)
evil kikino
exaggerate horihori
excellence rawenga
except haaunga
excited rikarika
exhume hahu
exit putanga
expel pana (-ia, -ngia)
expense nama
expert tohunga
expert orator puu koorero
explosion pakuuranga
express whakaputa (-ina,-ngia)
extra fermented maaii
eye kanohi, whatu (-ngia)
eye (of potato, kuumara) karu
eye area (larger than eye itself) karu
eyebrow pewa, tukemata
fabulous eagle hookioi
face kanohi
face towards ranga
facilitate whakahaere (-ngia, -tia)
faeces hamuti
faeces (of baby) tahora
faint glow puraatoke
faith whakapono (-ngia)
fall paheke, taka
fall away ngahoro
fall down papahoro
fallen hinga
false teeth niho haawareware, niho horihori, niho keehua
falter tapepa
family paamere, whaamere, whaanau (-ngia)
famous hau, rongonui (-ngia, -tia)
fantail piirairaka
far apart maataratara
farm paamu
fart piihau, tee
fasten whakamau (-a)
fat hinu
father matua
fear wehi
fearful mataku, wehiwehi
fearful – can often be associated with Maaori sickness hopo, hopohopo
feather puhipuhi
feel rongo (-hia, -na, -ngia, rangona)
feel whaawhaa (-hia, -ngia)
felling adze toki tua
female cousin (of male) tuahine
female cousins (of male) tuaahine
female genitals (polite) aroaro
female of large variety of eel kookopu tuna
female whitebait hauhuri
fence taiapa
fermented corn (fermented in fresh running water) kaanga wai
fermented potato kootero
fern for haangii koronae
fern root aruhe
fever karawaka
few ruarua
few people korekore
fibre weuweu
fibre (of flax) muka
fierce horetiitii
fight pakanga (-ngia), whawhai (-tia)
fill whakakii (-a, -ngia)
fill a vessel with liquid utuutu (-hia, -ngia)
filth kerakera
finally/fully kau
findings kimihanga
fineness rawenga
finger matikara
finger (third) manawa
fingernail maikuku
finish taapae (-a, -ngia)
finished oti
fins (of fish) tiratira
firewood wahie
first kuumara planted maaere
first line of weaving (of cloak) whakamata
firstly maatua
fish for eels hii tuna, mahi tuna

fish for sharks mahi mangoo
fish heads pane ika
fish with a net hao ika
fishing hiinga
fishing ground haonga ika
fixated on whakamau (-a)
flag kara
flame kaapura
flash koowhaa (-tia)
flash (as lightning) kowhera
flash repeatedly huuraparapa
flat paaraharaha (-ngia), parehe
flat (of hair) torokaka
flat nose ihu pare
flatbread paratihi
flatten whakamaania (-tia)
flaunt whakatametame
flax cot hao
flesh kiko
float maangi, puurewa
flock raahui
floor papa
flounder paatiki
flow rere
flow in driblets paahiihii
flower bract of flax koorari
flower bract of kiekie used as food taawhara
fly ngaro
fly or flap ruperupe
flying (of flag) taarewa
fold clothes whatiwhati (-a, -ngia)
follow European ways whakapaakehaa (-hia, -ngia, -tia)
fontanelle tumutumu
food chewed by adult to feed to baby kai maanga
foolish waawau, wawau
footstool tuurangawaewae
for him/her maana
forebear tupuna
forebears tuupuna, tuupuna maatua
forehead rae
foreign tauhou
foreign object ngaangara
foreigner tauiwi
foreskin tapeha
forest nehenehe, ngaaherehere, ngahere
forest beings like patupaiarehe and hakuturi maaeroero
forest clearing kauhanganui, kauwhanganui
forget wareware
form hanga (-a, -hia, -ngia)
formal speech taki (-na), whaikoorero
fortunate waimarie
fortunately maaringanui, maringanui
foster atawhai (-ngia), whaangai (-tia)
fostered child tamaiti atawhai
fostered children tamariki atawhai
frame made of supplejack and fern whare tirara
freaked out witiwiti
freckled iraira
freshwater crayfish kooura ririki
freshwater fish karito
freshwater mussel kaaeo
freshwater whitebait moremore
friendly hoahoa
frost hauhunga
frothy hukahuka
frown koromingi
fruit of the karaka tree used as food karaka
frustrated whakatakariri
fulfilled riwha, tutuki
full muia
full of energy nakawhiti
full stomach tinga
full tide makoa
full to overflowing puhake
fully inflate taaeta
fully occupied kapi
fun koringa
funeral tangihanga, uhunga, whiunara
fungus roke patupaiarehe
fur seal miimiha
fur seal dung (delicacy) roke miimiha
furious riri (riiria)
furrow awaawa
furthermore waihoki
games kori
gaping haamama
gaps whaawhaarua
garden kaari, maarara
garment kahu
gas-bag whawhewhawhe

gather aarau, kohi (-a, -ngia), poto, tiki (tiikina)
gathered emi, mene
gathering huihuitanga, minenga
gel para
genealogical lines taatai
genealogy kaawai, whakapapa
generation whakapaparanga, whakatupuranga
get tiki (tiikina), whiwhi
get a cupful ipu (-a)
get a handful kapu (-a)
get or give a spoonful koko (-a)
get sleepy hiinaamoe
get up matika
getting sleepy konikoni
giddiness paahoahoa
giddy-up kipakipa
gills hawa
give homai
give (away from speaker) whoatu
give (towards speaker) whomai
give birth (multiple times) whanawhanau
give effect whakamana (-hia, -ngia, -tia)
give forth heat hana
give one airs whakangangako (-ria), whakapuhipuhi
give one airs and graces whakatakatahi
give prestige to whakamana (-ngia, -hia, -tia)
given access to aahei
glazed over eyes (in sickness) koowhiti
gloat whakatamarahi
glow hana
glow in the dawn haehae
glow of dawn kohaetanga
glow-worm puraatoke, toke kaanapanapa
glowing mura
go riro
go across whakawhiti (-ngia)
go on ahead whoatu
go past paahi
go stealthily whakamookihi
goad whakanehe
gobble horopeto
gobbledygook kuunanunanu
god of earthquakes Ruuaimoko
gofer ngarengare
golden years taioretanga
goosebumps hiitaratara te kiri, kiikiitara, tuu te hiinawanawa
gorge aapiti, awaawa, kopia
gorse tarutaru kikino
gossip whawhewhawhe
grace atawhai (-ngia)
grandchild mokopuna
grandfather tupuna taane
grandmother tupuna wahine, tupuna whaea
grandparent kooeke, tupuna
grandparents tuupuna
grape waaina
grasshopper koowhitiwhiti
grate food wakuwaku (-hia, -ngia)
grate into a pulp roi
gravel kirikiri
graze waniwani (-a)
grazed pahore
great-grandchild mokopuna tuarua
great-grandparent tupuna tuarua
great-great-grandchild mokopuna tuatoru
great swelling waves taapokopoko
green leaves of raureekau used to wrap eels pakewhaa
greenstone ear pendant (hockey stick shape) kapeu, kopeu
greet mihi (-a, -ngia)
greetings mihimihi
grey duck paarera
grey-haired uru mookehu
grizzle huene, whakahuene
grizzly (crying) hawihawi
groan aurere
groove koiawaawa
group roopuu, tira
grow whakatupu (-ngia, -ria)
grow older pakeke
grow up tupu (-hia, -ria)
growl koowhetewhete, kowhete
grown tupu (-hia, -ria)
growth taru, tupunga, tupuranga
guardian kaitiaki
guide along hari (-a, -ngia)
gum digging keri kaapia

gunwale, upper edge of side (of canoe) niao
gurnard kumukumu
hailstones nganga
hair maahunga
hair (on head & body) huruhuru
hair or fibre adornments puhipuhi
handkerchief hei, heikiha
hang iri
hang something up whakairi (-a, -ngia)
hang up whakanoi (-a, -ngia)
hang up repeatedly whakanoinoi (-a, -ngia)
hanging noi
hangover taka aa-rangi, takaanini
happiness koakoa, oranga-ngaakau, tau
harbour ill-feeling kino
harvest hauhake
haunt poke keehua
have meaning whai tikanga
having high steep banks koowarowaro
having the mind occupied pooauau, poorangi
head maahunga, pane, panepane
head (of group of people) tino tumuaki
head (of tree) kaauru
headache paahoahoa, taka aa-rangi, takaanini
heaped haupuu
hear rongo (-hia, -na, -ngia, rangona)
hearing rongonga
hearsay rongo koorero
heart manawa, ngaakau, whatumanawa
heaviness taimahatanga, toimahatanga
heavy toimaha
hedge heti
herald (morning) taki (-na)
herd raahui, whiu (-a, -ngia)
here koneki
hernia whaturama
hiccough tokomauri
hidden whakamoho
high chief ariki
high-pitched noise tiiorooro
hill hiwi, hiwikau
hillock hiwihiwi
hillside hiwikau
hip bone himu
his (plural objects) ngaana
his/her (plural objects) oona, ngoona
history hiitooria, raarangi koorero
hit pao (-a, -ngia), patu (-a, -ngia, -tia)
hoarse (voice) whango, whangowhango
hold mau (-ngia), pupuru (-ngia, -tia, purutia)
hold a grudge whakamau (-a)
holder kaipupuru
hole rua
holey koroputa
hollow out taarai (-a, -ngia)
hollow out by hand tiinao (-a)
home crowd tangata whenua
homestead papa kaainga
honour whakanui (-a, -ngia)
hook huuka
hoot peho
hope tuumanako (-ngia, -tia)
hopeless haupararii
horizontal support for floor of canoe kauhua
horrible wetiweti
horse collar kara
horse mussel tuukuku
hosts tangata whenua
hot wera
hotel hooteera
house made of boards whare papa
house of learning the art of weaponry and fighting whare maire
how peewhea
how many whia
how many? (people only) tokowhia?
however heoi, heoi anoo, hoi, hoi anoo, wheoi, wheoi anoo
hub puutahitanga
huckery hakari
hula hurahura
Huntly Hanatere, Raahui Pookeka
hurt mamae
hurt whara
identical twins maahanga riterite
if me, meenaa, mehe, peenaa
ignite tutungi (-a), whakangiha
ignorance kuuaretanga
ignorant kuuare
ill taimaha, toimaha
ill-treat kinokino

illness taimahatanga, toimahatanga
image pakoko
immerse rumaki
impatient kaikaa (-tia)
implements utauta
importantly maatua
in between waenga
in great numbers maatotoru
in solitude kau
in the middle waenganui
incantation ruruku
incantation preceding a speech araara
incantation to revive hono
incessant cry hawihawi
incite aaki (-na, -ngia)
indeed aana, kaaore!
index finger kooroa
indicate tohu (-a, -ngia)
indolent haakurekure
inept hauparарii
infant koohungahunga
infatuation with females mate waahine
infatuation with males mate taane
infirm maauiui (-tia)
influenza rewharewha, whuruu
injured whara
inner cavity whaturei
inquisitive paakiki
insect ngaangara, ngaarara
insert koouru (-a, -tia)
inside out hurikiko, hurirapa
insignificant hakirara
inspirational statement by a King or Arikinui tongikura
instruct tohutohu (-ngia)
instructions tohutohu (-ngia)
insulting whakatara
integrity mookuku
intensifier, sometimes included as part of a word nge
intentionally maarire
interested ngaakaunui
intermittent showers ua kauteatea
internal organs wheekau
intestine wheekau
intoxicated haurangi
invert huripoki
inverted testicles (not yet dropped) rahorere
invitation tono (-a, -hia, -ngia)
invoke spirit whakanoho wairua
iron maitai
irresolute kewha
irritated kiriweti
is not ehakee
island motu
isolated mokemoke
itchy ngaaoko
item of clothing kahu
jam tiamu
jealous puuhaehae, taruhae
jelly kai korikori
jerk up and down tiemi
jest whakatara
Jew's harp rooria
join aapiti
join broken bones hono
join in singing (traditional songs) kamu
joining karapitanga, karapititanga
joke with whakatara
jump tuupeke noa
junior sibling of same gender teina
just opened (flower) puaka
kapok (mattress) kaipaaka
keep away tuuraha
keep clear tuuraha
keg (beer) kaaho
kerosene lamp rama kareheeni
kidnap kaahaki, kaawhaki (-na)
kidney whatukuhu
kill patu (-a, -ngia, -tia)
kin huaanga, karanga, whanaunga
king kiingi
king fern para
King Movement Kiingitanga
kinship huaangatanga
kit for collecting potatoes kete riiwai
kit made of flax fibres with coloured tassels or adornments kete puhipuhi
kit made with flax fibre kete muka
kitchen kaauta
knit natinati (-a, -ngia), neti, netineti
knocking waters wai-paatootoo
knowledge moohiotanga
knowledge passed down tutuku
knowledgeable maatau
laboured (sickness) hotukopa
lacerate haehae

ladle kootutu (-hia, -ngia)
laid out hora
lame hauaa
land whenua
landing place tauranga
landslide ngahorotanga
large nunui
large posts of palisades of fort himu
large variety of eel kookopu
lash together miiroi
last sound of a dying person poroporo
lateral shoot (of potato, kuumara) hihi
lay one upon another whakapapa
lay out whaariki (-ngia), whakakaupapa (-ngia, -ria), whakatakoto (-ngia, -ria)
lay out (in numbers) horahora (-ngia)
layered paapaa (-ngia)
lazy haakiki, haakurekure, hakirara, huhure
lead assembly in prayer whakarite (-a, -ngia)
lead the verse of a haka or waiata panepane
lean up against paatuu
lean-to puuhunga
leave waiho (-ngia, -tia), wehe (-a)
leave behind maahuehue, whakarere (-ngia, whakareerea)
leavened bread reewana
lecturer kaikauwhau
left over toe
let's say me kii
lie tito (-ngia, -tia)
lie down takoto (-ngia, -ria)
lie flat (facing up) tiiraha
lie still whakamaho
life koiora
life-giving water waiora
lift hiki (-na, -ngia)
lift (with lever) huaranga (-tia)
lift a burden toko (-na)
lift up haapai (-ngia)
light (easy) whakamaamaa (-ngia, -tia)
light garden implement used as a scuffle hoe paaketu
light scarf hei
lighted (fire) tahu (-na)
like that peenaa, peeraa
like that (away from speaker and listener) wheeraa
like that (near listener) wheenaa
like this peenei, wheenei
limp totitoti
lipstick ripitiki
listen whakaoko, whakarongo
listless haakiki
little finger kooiti
live noho (-ia, -ngia, noohia)
live together noho tahi
liver ate
living in numbers nohonoho
load onto uta (-ina)
loaf (of bread) rohi
locals tangata whenua
locative particle raka
lonely mokemoke
long for ongeonge
look after tiaki (-na, -ngia)
look askance korotaha
look for kimi (-hia), rapu (-a, -hia, -ngia)
look intently whakatare
look repeatedly tirotiro (-hia, -ngia)
look sideways at korotaha
looking tirohanga
loose taangengangenga
loosen maaunu
lots mahamaha
loud tihohe
loud-mouth waha papaa
loud cry of a baby ngangaa
low-born person kaararoraro
low born hakirara
low resounding voice (typically of a male) tanguru
low wailing ngurunguru
loyal piripono
lucky waimarie
maggot iro
magnificent kauanuanu
make big whakarahi (-ngia)
make complete whakaoti (-hia, -ngia)
make disappear whakangaro (-mia)
make easy whakamaamaa (-ngia, -tia)
make food mahi kai
make frothy whakahukahuka (-ngia)
make into a farm whakapaamu (-ngia)
make kete mahi kete

make noble whakarangatira (-ngia, -tia)
make permanent whakauu (-ngia)
make pliable (flax) haaroo (-ngia)
make real whakatuuturu (-ngia)
make someone sit or live somewhere whakanoho (-ngia)
make something come to an end whakamutu (-ngia)
make war kawe pakanga
make warm whakamahana (-ngia, -tia)
manage whakahaere (-ngia, -tia)
mangrove fish parore
many maha, tini, tinitini
marigold – type of maize makarauria
mark tohu (-a, -ngia)
marriage moenga, paakuuwhaa
marriage to a man moenga taanetanga
marrow kamokamo
marry moe (-a, -ngia)
marry a male moe taane
mash kohari (-ngia)
massage mirimiri, romiromi
mat whaariki (-ngia)
mattress kaipaka
maybe aakuanei
me 'hau
meander koopikopiko
meaning tuuturutanga
meat kiko
meddle with raweke
medicine karaka
meet tuutaki (-na, -ngia)
meeting house matua aa-whare, whare tupuna
melon merengi, mereni
melt koero
menstruation mate wahine
mesmerised wairangi
messy porohutihuti
metal maitai
Methodist Church (Wesleyan) Weteriana
midden ngaingai
middle section of a waka kaunaroa
midnight tuurua
migrate heke
mile maero
milking cows miraka kau
mill mira
mind hinengaro
mind hirikapo
miscarriage mate whakaroto, whakatahe
mischief tutu
Miss, Mrs (title) mihi
mission mihana
missionary mihingare
mistaken thoughts pooheeheetanga
misty rain hewa, ua puunehu
mix whakaranu (-a, -ngia)
mix water with dry foods ranu (-a, -ngia)
moan huuene
moaning hawihawi
moss angiangi, kohukohu
mother whaea, whaaereere
mouldy puruheka, puruheke, purukehakeha
mound (kuumara, pumpkin) pukepuke
mountain ridge paeroa
mountain where lightning strikes as an omen rua koowhaa
mourning wreath of greenery parekawakawa, taua, tauaa
moustache hurungutu
mouth to mouth resuscitation puhaanga
move neke, nuku (-hia, -ngia)
move about wiiwa
move something by wheelbarrow or vehicle tauiirapa
move to and fro ngarue
mucus huupee, huupete, wharo
mud paru
muddy haranu
mudflats paru moana
multitude haakerekere, maatinitini, maha
munch kamukamu
murmur hamumu
museum whare taonga
mushroom harore, matiru
mussel kuutai
mussel shell maakoi kuutai
my (plural objects) aaku, aku, oku, ooku, ngaaku, ngaku, ngoku, ngooku
myriad haakerekere
naked tahanga
narrow gully kopia
narrow side of meeting house tara iti
nation motu

native ground parrot kaakaapoo kere
native New Zealand Christmas tree hutukawa, poohutukawa
native palm tree niikau
native parrot kaakaakura
native tea-tree maanuka
native tobacco toorori
native watercress koowhitiwhiti
native white pine tree kahikatea
nauseous kinokino
net kupenga, neti
new hoou
new fern frond pikopiko
nibble (of animals and people) timotimo
nibble (of fish) tongitongi (-a)
no karekau
no, not tee
nobility rangatiratanga
noisy turituri
northerly wind hauraro
northward whakaraki, whakararo
not kaare, karekau, kauraka, tee
not as if kaapaa
nothing karekau, korekore
now inaaianaa, inaaianei, inaaianeki
nurture atawhai (-ngia), whaangai (-tia)
obstruct aarai
obtain riro, whai (-ngia, whaaia), whiwhi
of little significance korekore
offensive whakatara
official response urupare (-tia)
oil hinu
ointment panipani
okay nee
oldest son tamaiti kaumaatua
on to it (clever) kakama
only anahe
only just kaatahi anoo
opaque haranu
open haamama, huraki
open area in front of marae marae aatea
open container oko
opening of a house hura (-ina, -ngia)
opinion whakaaro (-hia,-ngia, -tia)
oppress whakawhiu (-a, -ngia)
oppression whakawhiu (-a, -ngia)
or raanei
oratory seat paepae
organise whakahaere (-ngia, -tia)
orgasm tokomauri
origin tuuturutanga
oscillating ngongingongi
other side of a body of water raawaahi
outrage takariri
overcome with warea
overeager kaikaa (-tia)
overhang tauwharewhare
overseas raawaahi
overturn takahuri (-hia)
owl peho
pacer toi
pack peeke
paddle hoe
paddle about hoehoe
paddock paariki, paatiki
pain mamae
pant kihakiha
paramount chief ariki, tauaroa, taungaroa
parents maatua
parliament established by King Taawhiao Te Kauhanganui, Te Kauwhanganui
parson bird kookoo
part waahi (-a, -ngia)
part of apparatus used to cut greenstone pouaka
partial to rata
particle used to intensify nge
particular taste hangeo
pass paahi, whiu (-a, -ngia)
past pahure
pat (ball) panga (-a, -ngia)
patch paapaati (-ngia), paati (-ngia)
patient haaura, whaaura
pay utu (-a, -ngia)
pay tribute mihi (-a, -ngia)
peace maarire, rangimaaria, rangimaarie
peaceful maarie, maarire
peel tahitahi (-a, -ngia), tiihore (-a, -ngia)
peel by scraping waruwaru
people iwi
perfume rorikaro
perhaps aakuanei
periwinkle puupuu, tiitiko
person related on two sides karangarua
perspective tirohanga

pestering maakikoihanga
pet mookai
petal puapua
phlegm huuhare, wharo
physically able taea
pick pika
pick out (puupuu/shellfish) tiirou (-ngia)
pick out food tiirau (-ngia)
piece waahanga
piece of wood to lengthen a canoe haumi
pierce titi (-a), wero (-hia)
pig hunting ngau poaka, whakangau poaka
pigeon kuukuu
piled up haupuu
pillow urunga
pimple hoipuu
pinafore pinepoo
pinch kinikini (-ngia)
pine for ongeonge
pins and needles kerekerewai, poopokorua
pit rua
pit for kuumara rua korotangi
pith of mamaku (fern), gel para
pituitary gland manumanutuu
place waahi (-a, -ngia)
place of offering tuuaahu
place of planting whakatoonga
place of settlement nekenekehanga
place to sit frequently nohonohonga
places visited toronga
placid rarata
plait raranga (-hia, -ngia)
plant (medicine) weuweu
planting whakatoonga
plates utauta
platform or resting place for deceased during a funeral atamira
play with raweke
playground koringa
plough parau
pluck whakiwhaki (-na, -ngia), whawhaki (-hia, -ngia)
plug puru (-a, -ngia, -tia)
plum paramu
poetic reference to a gecko mokotaataa, mokotiitii
point at totohu
pointless huakore
poke wero (-hia)
poke out tongue wheetero
poor poohara
popcorn kaanga paahuuhuu
porch mahau
porridge paakuu, repirepi
portion waahi (-a, -ngia)
position tuunga
posts interlaced rauwiri
pot koohua
pot-bellied puku reherehe, puku wheti
potato riiwai
potato buried in the sand or soil to ferment peeraro, peraro
poultice raupiri
pound (action) hamahama (-ngia)
pour ringi (-hia)
power mana, uira
prance about (haka) whakatupehu
pray for koronga
preacher kaikauwhau
precious piripoho
preparations hiikoitanga, whakaritenga, whiikoitanga
prepare takatuu, whakareri (-ngia)
prepare whakatika (-ngia)
prepare frequently whakatikatika (-ngia)
presence aroaro
preserve huahua (-ngia)
press peepeehi (-a)
press down peehi (-a, -ngia)
prestige mana, whakamana (-hia, -ngia, -tia)
prevent aarai
price utu (-a, -ngia)
prickle tuutuupaahi
prickly puuhaa tiotio
principal house matua aa-whare
prized piripoho
problem raruraru
process of drying food paawhara (-ngia)
prod wero (-hia)
produce food mahi kai
progress kookiri
promise taurangi

pronounce whakaputa (-ina, -ngia)
prophet matatuhi
prophetic saying, inspirational statement, especially by a King or Arikinui tongi, tongikura
prosperity raneatanga
protective incantation waerea
protocols kawa
protruding belly puku reherehe, puku wheti
proud takatahi, whakahiihii
proverb whakataukii (-ngia, -tia)
proverbial saying tongikura
pub hooteera
puddle hoopuapua
pull (hair) huti (-ngia, huutia)
pulsing treatment (massage) wiriwiri (-ngia)
pumice pungapunga, taataahoata
punish whakawhiu (-a, -ngia)
punishment whakawhiu (-a, -ngia), whiu (-a, -ngia)
purchase tango (-hia, -ngia)
purple waaina
pursue whai (-ngia, whaaia)
pursue repeatedly whaiwhai (-ngia)
pursuit whaitanga
push pana (-ia, -ngia)
pushed on to paapaa (-ngia)
put maka (-a, -ia, -na, -ngia), panga (-a, -ngia)
put down tapitapi
put forth taapae (-a, -ngia)
put into whakauru (-a, -ngia)
put on (clothes) kuhu (-na)
put out of sight whakangaro (-mia)
put to the side whakataha (-ngia)
putrid kerakera
puzzled aawangawanga
quality rawenga
quarrel ngangau
quarrel taututetute
queasy kinokino
queen kuiini
quick kakama
quite big rarahi
race reihi
ragged petapeta, porohutihuti
ragged clothes paakarukaru
raggedy hakurara, haratee, haratete, taretare
rain cape hiieke, puureke
rainbow koopere, taawhanawhana
raise haapai (-ngia), huaranga (-tia), whaangai
raise (a child) atawhai (-ngia), whaangai
raised stand whata
raising up whakarewa (-hia, -ina, -ngia)
rake rakuraku
rash koopukupuku
rather skilled nanakia
raw food kaanewha
reach shore pae (-a)
real tuuturu
reason puutake
recite takitaki
recoil tuurapa
red kura, ura
red hot miramira
reddish brown (hair) paakaakaa
reflected image ata
regardless ahakoa
region rohe, takiwaa
register reehita (-ngia)
reject opa
related through marriage paakuuwhaa
relatedness whanaungatanga
relationship huaangatanga, paanga, whanaungatanga
relative huaanga, karanga, whanaunga
release tuku (-a, -na)
relocate or move elsewhere to live taawha (-ngia)
reluctant hoopii
remain toe
remember maumahara
remnant moorehu
remnants toenga
remove patu (-a, -ngia, -tia), tango (-hia, -ngia), unu (-hia)
remove by force kaahaki
remove repeatedly tangotango (-hia, -ngia)
renege hokitou
reply whakautu (-a, -ngia)
reprimand haamene (-ngia)
reptile ngaangara, ngaarara
request tono (-a, -hia, -ngia)

resentful ngaakau kaitoa
reserve (check) whakakeke
reside noho (-ia, -ngia, noohia)
resistant kekepuku
resolute manawanui
resound hau, paoro
respect kauanuanu
rest okioki, whakataa
resting place rua whakautu
restless (of sitting) nenei
restrict tuuraahui
retired riitaaia
return regularly hokihoki
reveal whakapuaki (-na, -ngia)
reveal (headstone, plaque) hura (-ina, -ngia)
reverse hokitou
revolting wetiweti, whakahouhou
revolting smell kerakera
rheumatism ruumaatiki
ridicule whakapehapeha (-ngia)
ridiculous haakiki, maninohea
right side katau
ripe maoa
ripple (as a stream over stones) maahitihiti
rise maiange
rite to weaken the enemy taumata
river bank tahatika
road huanui, rori
roamer kokekoke
rock koohatu, koowhatu, toka
roll over takahuri (-hia)
roll the thread upwards (in weaving) karure
rootlet weuweu
round rauna
royal entourage kaahui ariki
royal family kaahui ariki
rub koomukumuku (-hia, -ngia), muku (-a, -ngia)
rub (massage) mirimiri
rub eye with closed hand koonatunatu
rub puuhaa with both hands to remove chlorophyll koomuku
rubbish para
rummage hurahura, ketuketu
runaway (of song, of people) kaawhaki (-na)
runners of a vine plant torotoro (-ngia), weno
running nose huupete
rush food waawari
rustling (of leaves) ngaaeheehe
sacred place waahi tapu
sacred place of mounded earth where rites were carried out tuuaahu
sad poouri
saddlebag tara peeke
sadness poouri
saliva huuare, huuware
salty maataitai
salutations koakoa
salute whakanui (-a, -ngia)
sand kirikiri, one, oneone, onepuu
satisfied ngaa, ngata, tutuki
saucepan hoopane
say mea (-ngia, -tia)
scab hakihaki
scales unahi
scaly rash kiriunahi
scar nawe, riwha, tiwha
scared mataku, wehi
scarf kaameta
scattered marara, rauroha
scattered, out of order tiihahu, tiihahuhahu
scent rorikaro
schoolmaster kura maahita
scissors katikati
scold koowhetewhete, kowhete
scoop whiikaro (-ngia)
scrape haakuku, weku (-a, -ngia)
scrape (flax) wakuwaku (-hia, -ngia)
scrape repeatedly waniwani (-a)
scraped off (skin) pahore
scratch ketu, rakuraku
scratch repeatedly ketuketu
scratching sound wakiwaki
scrawny pakekoki, pakikoke
screw (twist) the ears kurukuru
sea anenome kootoretore
seam maurua
search for kimi (-hia), rapu (-a, -hia, -ngia)
seashore tapa-aa-tai
seaside taha moana
seat of emotions ate

seat on canoe where paddlers sit paemanu
seaweed rimurimu
second-hand clothing oruoru
secret torohuu
secret liaisons moe puku
secretly torohuu
section tiwehenga
section waahanga
seeds of potato and kuumara tiinaku
select kohari (-ngia)
self-aggrandisement whakamanamana (-hia)
semen para
send tono (-a, -hia, -ngia), tuku (-a, -na), unga (-a)
senior sibling or cousin of same gender tuakana
senior siblings or cousins of same gender tuaakana
sense rongo (-hia, -na, -ngia, rangona)
senseless maninohea
separate tiiwehewehe (-hia, -ngia)
separate from (marriage) maahuehue
sermon kauwhau
servant mookai
set (solid) totoka
set (the table) hora
set aside whakawehe (-a, -ngia)
settle tatuu
settled tau
settled feelings ngata
settlement marae, paa (-ngia, -tia)
severely deformed whakatahe
sexual liaisons between close relatives moe piititi
shake ngarue, ueue, wiriwiri (-ngia)
shake out ruperupe
shape hanga (-a, -hia, -ngia)
shark mangoo
shark fishing patu mangoo
shark liver kookii
sharp utensil used to pick out food tiirau (-ngia)
sharpen whakakoi (-hia, -ngia)
shawl hooro
shear (sheep) katikati
shed for storing potatoes koropuu
sheep droppings poonoti
sheets whatiwhati (-a, -ngia)
shell maakoi
shellfish pipi
shellfish tuwhatuwha
shelter taumarumaru, whakaruruhau
shield aarai
shilling herengi
shine hana, whiti (-kia, -kina, -ngia)
ship kaipuke
shiver (from the cold or illness) kuunaawiri
shoemaker huumeka
shoo away (flies, children, chickens) atiati (-a, -ngia)
shoot (gun) pupuhi (-ngia)
shoot birds pupuhi manu
shoreline tahatika
shortened huripoto
shout pararee
shove wood or food such as potatoes into the hot ash or embers koongiri
shovel haapara, kaaheru
shovel up koko (-a)
show pain mingomingo
shrivelled koongiongio, kooriorio
sick maauiui (-tia)
sickly feeling after eating rich creamy foods konakona
sickness mate, whiu (-a, -ngia)
side whaitua
side by side karapititanga
side of meeting house kopa
sigh mapu
sign tohu (-a, -ngia)
silent bullet (maakutu) mataarerepuku
silky smooth ngeru
silly rorirori, waawau, wawau
silver fern ponga
sing a ditty pao (-a, -ngia)
singe hunu
sink totohu
sink (of boat) toremi
sister (of male) tuahine
sister-in-law (of female) taokete
sister-in-law (of male) auwahine
sisters (of male) tuaahine
sit noho (-ia, -hia, -ngia, noohia)
site of significance waahi tapu
size rahi

skim ripi
skin kiri
skin (of fruit) peha
skin (of person) peha
skin flakes patapata
skinny pakekoki, pakikoke, whiiroki
skip ripi
skirt kaka, panekoti, penekoti
skull angaanga
slander hahani
slanderous tuutara
slaughter parekura
slave mookai
sled kooneke
sledge kooneke
sleep moe (-a, -ngia)
sleep talk moehewa
sleeping house whare puni
slice tapahi (-a, -ngia)
slice and dice (of vegetables) tohitohi
slide kooretireti
slightly apart tiiwhera
slime (eel) para
slip ngahorotanga, paheke
slope kootautau
slothful paraheahea
slovenly hakirara
slow puuhoi
smack the lips kootamutamu
small iti, itiiti, moroiti, moroitiiti, nokinoki, paku, pakupaku
small eel whiitiki
small fish kookopu
small potatoes kitakita
small shelter piiruru (-ngia)
small troop ngohi
smallpox mooropaaki
smash ngakongako
smash to pieces whakapahupahu (-ngia)
smear pani (-a)
smelly piikeha, piro, poa, taapoapoa, taapoapoa
smoke paoa, pawa
smoke tobacco kai tupeka
smoked fish ika whakapaoa
snare aahere
snare rorerore
snort horuhoru
snub koaro, tokoreko
soap hopi
sodden rei
soft ngohengohe
soft sow thistle puuhaa pororua
soften haaroo (-ngia)
soften flax by scraping haapine
soil one, oneone
soldier hooia
solely anake
solid totoka, whakauu (-ngia)
some eetehi
someone who channels the spirit of another kauwaka
something cast aside rukenga
something that needs to be learned ropiropi
sore (scab) hakihaki
sound (of voices) iere
sound of crashing waves rua-aa-tai
sour kawa
source of a spring and/or river maataapuna
south-east paeroa
southward whakarunga
sow thistle puuhaa
sparse angiangi
spasm huukiki
speak fast horuhoru
speak indistinctly or inarticulately tapepa
speaker kaikauwhau
speech kauwhau
speeches mihimihi
spell aatahu
spend whakapau (-a, -ngia)
spent (weak) ngehe, ruuhaa
spiral design pendant with the head of a manaia and tail spiralling inwards kopepe
spiritual leader tohunga
spiritual sound oroororua
spiritual vessel kauwaka
spit out tuwha, tuwhatuwha
splash (do yourself with water) taauwhiuwhi
split into fine strips taakirikiri (-ngia), tiitoetoe (-a)
split into strips tiitoe (-a)
split open waahi (-a, -ngia)

split the sky (of lightning) waahi rua
splitting adze toki waawaahi
spoiled food koomeme
spoiled food (prior to rotting) kooii
spotted purepure
sprain taui
spread hora, pani (-a)
spread out raharaha, rauroha
spring tide tai raakaunui
sprinkle uwhiuwhi (-ngia)
squeak kotokoto
squeeze rami (-a)
stack flat whakapapa
stage atamira
staggering huurori
stake tumu
stamen tiiori
stance tuunga
stand alone tuu tahanga
stand in sequence tuutuu
stand to speak on the marae tuu marae
standard taumata
standing place tuunga, tuuranga, tuurangawaewae, tuutanga
stare tiro whakapii, whakamau (-a)
stare wildly kanakana
start taati
starving hemokai
statement hamumu
statue pakoko
stay by the fire koniahi, konipaoa
steadfast manawanui
steal taahae (-ngia, -tia), whaanako (-hia, -ngia, -tia)
stealthy whakamoho
steamboat tima
steep in water tou (-a, -ngia)
stem tiiori
stench haunga
stern of canoe kei
sternum whaturei
stick in titi (-a)
stick into ground pou (-a)
sting (of insect) wero (-hia)
stingray whai (-ngia, whaaia)
stink haunga
stomach full of excrement puku hamuti
stone koohatu, koowhatu
stoop down kuupapa
stop puru (-a, -ngia, -tia), taapu
storekeeper toakipa
storm tuupuhi, tuupuhitanga
stove too
straight tika tonu
straight hair torokaka
strand miro
strange tauhou
stranger tauhou
strawberry roopere
stray kotiti
strength maarohirohi, tuaraa
strenuous uakaha, uekaha
strike kuru, pao (-a, -ngia), rerureru
strip off hore (-a)
strong pakari
strut whakatametame
stumble tapepe
stumble frequently taapepapepa
stupid haakiki, rorirori, waawau, wawau
stupor paahoahoa
submerge koouru (-a, -tia)
submerged in water totoka
subside taamuu
subterranean monster hore
suitable haratau
summit taumata
summons haamene (-ngia)
sun-bleached kakatea
sun-bleached midden kookota
sunken (of eyes in sickness) koowhiti
superficial information maramara koorero
superhuman mangamangaiatua
supplejack kareao
support manaaki (-ngia, -tia), tuaraa
suppress peehi (-a, -ngia)
supreme leader tino tumuaki
surface kare
surface of water kaarewa
surface water wai hoopuapua
surprised ohorere
surround karapoti (-a, -ngia)
surveyor kairuuri
survivor moorehu
suspend whakanoi (-a, -ngia)
suspended noi
swamp haapuapua
swarmed upon muia

sway piupiu (-a)
swear kohukohu
swear word kanga
sweet sounding rooreka
swim kau
swim across kautaahoe
swing moorere
swollen pupuhi (-ngia)
take hari (-a, -ngia), heri (-a, -ngia), kawe
take away tango (-hia, -ngia)
take out of shell koowhaa (-tia)
talking gibberish kunanu
tame rarata
tattooed chin kauwae moko
tea bag tiiraurau
teacher kura maahita
tears roimata
tease whakanehe
teething (perhaps idiomatic expression for teething babies) rokeroke
tell a lie horihori, paraparau, tito (-ngia, -tia)
temporary shelter piiruru (-ngia)
term for the large forested areas of the King Country Te Nehenehenui
thank mihi (-a,-ngia)
that (mentioned previously) taua
that (near listener) teenaka
that is koiraka
thick haranu, maatotoru
thigh huuhaa, kuuhaa, kuuwhaa
thin angiangi, rahirahi
thing mea (-ngia, -tia)
think mahara (-tia), whakaaro (-hia, -ngia, -tia)
think mistakenly pooheehee (-tia)
third digit maapere
this is hiinei, koineki
those left behind mahuetanga
thought whakaaro (-hia, -ngia, -tia)
thoughts mahara (-tia)
thrash haukeri, karawhiu (-a, -ngia)
throb koorangaranga
throttle nanati (-a, naatia)
throttle roomi (-a)
throw kurukuru, tiitai (-a, -ngia), turupana (-ngia), whiu (-a, -ngia)
throw down ruke (-a, -na, -ngia)
thrum (of korowai) hukahuka
thrust in koouru (-a, -tia)
thud pakoo
thumb koromatua
thump kuru, rerureru
tidy hangapai
tie taawhiwhi (-a, -ngia)
time taima, waahanga
times when we were at our best taioretanga
tin tini
tin lantern tini rama
tip it out pou (-a)
to boil paaera
to bowl poro
to burn (of fire) ngiha
to chance upon tuupono
to change tiini (-ngia)
to clear a path ue (-a)
to comb or to adorn hair with a comb heru (-a)
to correct whakatika (-ngia)
to cover hiipoki (-na)
to cover whakapiiruru (-ngia)
to denigrate whakahaawea (-ngia, -tia)
to doze off hiinaamoe
to dry (by sun) whakapaka (-hia, -ngia, -tia)
to feed whaangai (-tia)
to fly topa
to fold whaatuitui (-a, -ngia)
to gut tuaki (-ngia)
to hammer hamahama (-ngia)
to hurry someone along kipakipa
to kindle a fire by friction hika
to ladle kootutu (-hia, -ngia)
to land tatuu, uu
to name tapa (-a, -ina, -ngia)
to open whakatuwhera (-ngia)
to paddle hoe
to pat pangapanga
to patch up paapaati (-ngia)
to patch up paati (-ngia)
to peel hore (-a)
to pick whiikaro (-ngia)
to place maka (-a, -ia, -na, -ngia)
to plant whakatoo (-ngia)
to plough parau
to poke at (with finger) whingowhingo
to present taapae (-a, -ngia)

to pull back hiwi
to rake rakuraku
to ring ringi (-hia)
to rouse whakaara (-hia, -ngia)
to shelter whakapiiruru (-ngia)
to shoot puhipuhi
to shovel haapara
to split open (fish) paawhara (-ngia)
to steam whakamamaoa (-ngia, -tia)
to swim underwater ruruku
to tease someone tupinga
to the side raahaki
to think hua
to wake up whakaara (-hia, -ngia)
to weave (garment) whatu (-ngia)
to weed ngaki
to welcome raahiri
tobacco tupeka
toddle hahaere
toddler koohungahunga, koongahungahu
toenail maikuku
together tahi
toilet whareiti
too late tuureiti
tooth rei
toothless niho more
topic kaupapa
torn ngawhewhe
totter tapepa
touch paa (-ngia, -tia), totoro (-hia, -ngia), whaawhaa (-hia, -ngia)
traditional song of lament mooteatea
trample takahi (-a, -ngia)
translate into English whakapaakehaa (-hia, -ngia, -tia)
trap rorerore
travel the land pookaiwhenua
travel without touching the ground huhuu
travelling party ope, tira
traverse pookaiwhenua
treasure taonga
tree fern ponga
tremble kuunaawiri
trials tuuaatea
tribulations tuuaatea
trick tinihanga
troop ope
trotter toi
troubles puunitanita
tuberculosis kohituu, matekohi
tuck in (like a sheet) takapou (-a)
tumble porotiti
tumble over pore (-a)
turbid haranu
turn inside out koohure
turn lights off kimo (-ngia)
turn off whakaketo (-ngia)
turn on (light) whakangiha
turn to tahuri
turn upside down huripoki
turned off ngeto
twirl piirori
twist takawiri
twist and snap off kinikini (-ngia), tiipakopako
twitch (eye, body) huukiki
twitch (eye) korikori
twitch (nose) tamaki
two deceased lying in state at the same place ika huirua
two-faced, backbite whakakeke
type of aahua, momo
type of knife ripi
type of mollusc peeraro, peraro
type of net waka
ugly anuanu, hakari, haratee
ultimate respect wehi
unbending tookeke
uncle matua
under false impression hewa
understand maarama
understanding maaramatanga
undulate ngapu
unencumbered tangara
unified toopuu
unify whakakotahi (-hia, -ngia)
unite whakakotahi (-hia, -ngia)
unless maana
unripe kaanewha
unsettled kewha, tiemi
untidy porohutihuti, tuhahu
unyielding tookeke
uphold haapai (-ngia)
upside down hurirapa
upstream whakarunga
urge aaki (-na, -ngia)

urinate mimi
urine mimi
us (three or more people) – listener excluded maatou
useless koretake
utter a sound hamumu
utterance to emphasise tee
vagina tara, teme, tenetene, tenoteno
valley awaawa
valued piripoho
variety of eel ringo
variety of white kuumara that Whakaotirangi brought to Kaawhia mauroa
vengeful ngaakau kaitoa
verandah parani
very small itiiti, rikiriki, ririki
very soon, next minute inamata
victim (of battle) ika
vigorous uakaha, uekaha
village paa (-ngia, -tia)
vine waaina
vision whakaatu (-ranga)
visit torotoro (-ngia)
visitor manuwhiri
visitors from afar manuhiri tuuaarangi, manuwhiri tuuaarangi
visitors' side of the meeting house ihonui
voice orooroorua
vulva hika, puapua
wagon waakena
wait whanga (-a)
walk hiikoi, waaka, whiikoi (-ngia)
wall of house tara aa-whare
wane (of moon) huakore
want hiahia, mate, piirangi (-tia)
war formation kawau maaroo
war party tauaa
warden waatene
warm oneself by the fire rangaranga
warmth mahanatanga
warrior huruanga, toa
wart toitoi
was not (past tense only) kiihei
wasted moumou
watch (timepiece) wati
water-dwelling guardian taniwha
water gathered in a type of lily wai koowharawhara
watercress waatakirihi
waterfall wairere
watertight boots waatataiti
watery kuuwaiwai
watery potato riiwai wari
wave about ruuruu
we (three or more people) – listener excluded maatou
weak ngoikore
weak (of body) ngehe
wear mau (-ngia)
weave raranga (-hia, -ngia)
wedge or jam something tight taaketa
weeds taru
welcome poowhiri (-ngia, -tia)
welcoming raahiri
well known moohio paitia, rongonui (-ngia, -tia)
westerly wind hau-aa-uru, hau uru
wet rei
whales and/or dolphins swimming on the surface, or diving tupotupou
wharf waapu
wheeze ngaangaa
wheezy laugh ngehengehe
when ana
when I was (doing an action; in a place) nooku
when? (past) inaawhea?
where whea
whether ahakoa
which teewhea
while nooku
whine uene
whinge huene
whining ngawii, whakahuene
whip wepu (-a, -ngia)
whip spinning tops taa puutaka
whisper koohumuhumu, koowhetewhete
whistle korowhiti
white-water (frothy) hukahuka
white clay mookehu
white puff balls roke patupaiarehe
white shell anga
whitebait (inanga) or smelt pokotehe
whitebait stand haonga matamata
wide whaanui

wide side of meeting house tara nui
widely separated maataratara
willow tree whiro
wind matangi
windmill winimera
windy (road, river) koopikopiko
wing paakau
wink kimokimo
wipe huukui, muku (-a, -ngia)
wipe (anus) uukui (-a, -ngia)
wipe feet on grass haakuku
wire waea
wireless radio waerihi
wisdom teeth niho ngore
wither (of plants) memenge
withered kookaa, koongiongio, kooriorio
withholding kekepuku
wobbly (of a chair, table leg or tooth) taangengangenga
wonder at miiharo
words whiingao (-a, -hia)
work mahi (-a, -ngia)
work for money mahi moni
worm toke
worn out ngawhewhe, petapeta
worry wari
wreath made of flax koronae
wring takawiri
wrinkles korukoru
wrongdoing heenga
yam taro maaori
yap (of dog) pahupahu
yawn hiitakotako, koowherawhera, tuuwaharoa, waha papaa
year tau
year of abundance tau ariki, tau iraia
year of calm tau ngehe
yell haamama, pararee
yellow-fleshed potato hua karoro
yelp (of dog) ngawii
yes aana
yesteryear nehe
you know? nee?
young (of animal) kuuao
young bucks maataitai
young child puukeikura
young kamokamo wenoweno
youngest child whakapaakanga
your (one person, plural objects) aau, ngaau
your (plural objects) ngoo, oo
youth rangatahi